教養で人生は面白くなる!

おとなのための知的雑学

松本健太郎 編著

彩図社

前書き

同じニュースや情報を目にしても、知識がある人とない人とでは、受け止め方が変わってきます。知識のない人は、その事柄を受け入れることしかできませんが、豊かな知識を持つ人は、そこから派生した面白い情報や、背後関係、情報主の思惑などまでつかむことができます。

本書では、「歴史と文化」「マークと言葉」「身の回り」「食べ物」「体と健康」「生き物と自然」などの項目にわけて、ちょっと知的で興味をそそる雑学を集めています。

人生をより深く楽しむための友人のような存在として、本書を活用していただけると幸いです。

おとなのための知的雑学
◆目次◆

01 歴史と文化の知的雑学

02 マークと言葉の知的雑学

03 身の回りの知的雑学

04 食べ物の知的雑学

05 体と健康の知的雑学

06 生き物と自然の知的雑学

01 歴史と文化の知的雑学

キリストの誕生日は12月25日ではない

12月25日、クリスマス。この日は何の日かと聞かれたら「キリストの誕生日」と答える人がほとんどだろう。私たちはそう認識して毎年いろいろなイベントを行うが、12月25日はキリストの誕生日ではない。

キリスト教の聖典である『新約聖書』には、キリストの誕生日についての記述がない。羊が遊牧されているという記述から、9月頃ではないかという研究者もいるが、明らかにされていないのが実情だ。

そもそも、キリスト教において重要な日はキリストの「生誕」日ではなく、キリストの「復活」日である。12月25日に祈りを捧げるのはキリストの生誕ではなく「降誕」を祝っての行為であり、教会での位置づけも「キリストの降誕を祝う日」となっているそうだ。

なぜ12月25日がキリストの誕生日になったかは諸説あるが、太陽の力がそこから増し始める冬至の日に合わせたという説が一般的である。

「ハルマゲドン」は交通の要衝だった

ハルマゲドン（harmagedon）は「メギドの丘」の意のヘブライ語harmegiddonをギリシャ語で表したものである。

メギドはパレスチナの北部、エズレルの谷の南西端にある肥沃な平原を見渡す丘の上の古代都市で、エジプトからシリヤ、メソポタミアへ通じる道と、パレスチナの内陸からフェニキアに至る道とが交わるところで、通商上でも戦略上でも重要な場所だった。太古からたびたび戦場となっており、聖書にもここで戦いがあったと記載されている。

エジプトを一大帝国としたトトメス3世（前1479年即位）は「メギドは千の都市の価値がある」と言っているし、イスラエルの王ソロモン（在位前970～930年頃）も、メギドを要塞都市として整備したと言われている。

メギドの丘の空港写真 ©AVRAM GRAICER

このような歴史的背景からヨハネの黙示録にこの世の終末における善と悪との最後の戦いはメギドの丘（ハルマゲドン）で戦われるとある。

オウム真理教の信者が劇薬サリンを振りまいて多くの犠牲者を出した事件があったが、彼らがハルマゲドンという言葉を使って、日本でも一般に知られるようになった。

「バレンタイン・デー」は小鳥のデートの日

聖バレンタインは3世紀のローマの聖僧で、人に親切でやさしく、貧しい人や病人を憐れみ、子どもを愛し、小鳥さえ彼の手からえさを食べたと言われている。しかし、彼は迫害されたクリスチャンを救ったかどで投獄され、270年頃撲殺されたと言われている。彼の祭日の2月14日には、小鳥がその相手を選ぶと昔から言われていたので、今では若い男女が互いに思いをこめたカードを送ったり、贈物などをする習慣が生まれた。

「サンタクロース」はトルコの人

サンタクロースはクリスマスの前夜、トナカイの引くそりに乗り、たくさんの贈り物をもって、煙突から家にはいり、子どもたちがベッドに下げておいた靴下に、贈り物を入れていくと言われている。

サンタクロース（Santa Claus）はオランダ語のSint Klaas、Sinterklaasシンタクラース（聖ニコラス）から出た語で、約350年前にニューアムステルダム（現在のニューヨーク）に入植したオランダ人がSante Klaasと呼んだのが、いつのまにかSanta Clausになったという。

主教の祭服を着た聖ニコラオスのイコン

ニコラスは小アジアのミラ（現在のトルコ南西岸にあった主要な都市）の僧正で326年に死んだ実在の聖者である。

いつ聖人に列せられたかは不明だが、11世紀の初めには、ロシアの守護聖人聖ニコライとして祀られ、ベルギー、オランダ、スイス、オーストリア、ドイツで聖ニコラスの日（12月6日）の前夜に、ニコラスに扮した人が、よい子に贈り物を与える習慣が生まれ、これがクリスマスと結びつき、現在の習慣になったものと思われる。

「天使の輪」は何？

西洋の絵画に見られる天使には、必ず頭の上に光の輪が描かれている。キリストや聖母マリアなどの聖者にも、頭の上に光の輪が描かれている。

聖者の頭部をかこむ光輪《こうりん》は、古代の宗教の世界にも存在した。ギリシャ・ローマ時代の神々などにもつけられた。2世紀頃よりキリスト教の図像にも見られるようになった。

これは太陽信仰から始まったものとされている。昔、太陽崇拝者は頭に鳥の羽根のついた輪をかぶった。おそらく太陽の光をかたどったものだろう。太陽神にあやかりたいという気持からと思われる。

仏像では光輪ではなく、光背《こうはい》（俗に後光という）になっている。この形式はすでにガンダーラの仏像に見られ、中国に進むと、これが火焔状となり、その上端がとがって宝珠の形をなすようになった。

不動明王の火焔光背 ©Manop

光輪には別の説もある。昔、聖者の像が木や銅で作られていた頃、外に置くと風雨に浸食されたり、鳥に糞をかけられたりするので、これを防ぐために、頭の上に大きな円い皿状のものをつけた。これが聖者の風貌に威厳を添えたので、画家やレリーフの彫刻家は彼らの作品の聖者の頭上に円板を描くようになり、次第に光輪に変わっていったという説である。

シンデレラの靴はガラスの靴ではない

世界的に有名な童話「シンデレラ」。シンデレラのストーリーに欠かせないアイテムと言えば、ガラスの靴だ。ところがこのガラスの靴、本当はガラスではない。

シンデレラの話は古くから伝わる民話を原典としていて、多くの作家によって作品となったものだ。この原典の中では、シンデレラが履いていた靴はフランス語でリスの毛皮を意味する「vair（ヴェール）」となっていた。これがガラスを意味する「verre（ヴェール）」と誤訳されたのだ。

「13日の金曜日」は最悪の日か？

ホラー映画「13日の金曜日」のヒットによって、日本でも、13日の金曜日には良くないことが起こるというジンクスが知られるようになった。

ただ、「13日」と「金曜日」の由来は、本来別のものである。

金曜日は、キリスト教国では不吉な日とされている。

古ローマでは、金曜日はヴィーナス（Venus）に捧げる日で、フランス語の vendredi（金曜日）はこれから来ている。北欧の国々も同様、Venus に相当する Frigg 又は Freyja の日で、それが英語の Friday のもとになっている。

金曜日は、大昔には必ずしも不吉の日とは考えられてはいなかった。北欧人はこの日を週で一番幸せな日とし、また婚礼の日ともしていた。イギリスの諺に「金曜日生まれの子は可愛くて愛想がいい」というものがある。ヴィーナスの日生まれだからヴィーナスにあやかるというわけだろうか。

しかし近代になって、キリスト受難の日であり、アダムとイヴが神の命にそむいて禁断の果実を食べたのも金曜日だったので、この日を不吉の日と考えるようになった。

13日のほうは、特に日にちとは関係なく、13という数字そのものが不吉だと考えられている。キリストがはりつけにされる前夜、12使徒と最後の晩餐を共にしたので、13人で会食すれば、その中の誰かに不幸があるとか死ぬという迷信が生まれた。

それで会食などで13人になると、その中の1人が席を退いたり、1人加えて14人にするなどは今日でも珍しくない。フランスでは家の番地に13をつけないし、アメリカに13号室がないホテルがあるのもこの迷信からきている。

この2つが合わさることで13日の金曜日はより不吉なものと考えられているのである。

「黒猫」は魔物か？

古代エジプトでは猫は神聖なものとされ、ローマでも自由の象徴とされていた。しかし日本では、「猫は魔物」「猫は化ける」「猫を殺せば七代祟る」などと言われ、魔性を帯びた生き物という見方もされている。

西洋では、特に黒猫は縁起の悪い動物と信じられていた。こうした迷信の起源は遠く中世にさかのぼるもので、当時黒猫は悪魔や魔女の手先とされ、中世魔女狩りが盛んだった頃は、多くの黒猫が焼き殺された。

黒猫は闇と危険の象徴であったので、自分の通り道の前方を黒猫に横切られたりすると、不吉なことが起こるのではないかと縁起をかついだものだ。

以上のような悪いイメージがある一方、マスコットとして身につけたり、商標などにも使われている。昔、黒猫印の下着があったし、また、パリにあったキャバレー「黒猫」には文人、画家が集うことで有名だった。現在「黒猫ヤマトの宅急便」は知らない人はいないだろう。このように黒猫は魔性のものでもあり、マスコット的存在でもある。

「蹄鉄」は魔よけ

蹄鉄《ていてつ》は馬のひづめを保護するために、足の裏に打ちつけるU字形の金具で、都会育ちの人は実物を見たことはないかもしれないが、北海道の土産物店などでミニチュアが売られているし、車のキーにぶら下げているのを見かけることもある。

西洋では昔から蹄鉄を拾うのは縁起がよいと言われ、開いている方を上にして、戸口につけておくと、幸運が出て行かないし、悪魔を中に入れないと信じられてきた。農家でこれを利用しない家はほとんどなく、海へ出る船もマストやへさきに必ずこれを打ちつけたと言われている。ネルソンの旗艦ヴィクトリア号のマストにもこれが掛けられていたという。今日でも蹄鉄の形をした装飾品が結婚祝いの贈り物にされたりするそうだ。これが魔よけとして用いられるようになったのは、次の言い伝えからである。

聖ダンスタン（910〜988）はカンタベリーの大司教になる前、蹄鉄打ちの名人であった。ある日蹄鉄を打ってもらいに1人の客が馬を引いて彼の所にやってきた。

彼はその馬が悪魔の化身であるこ

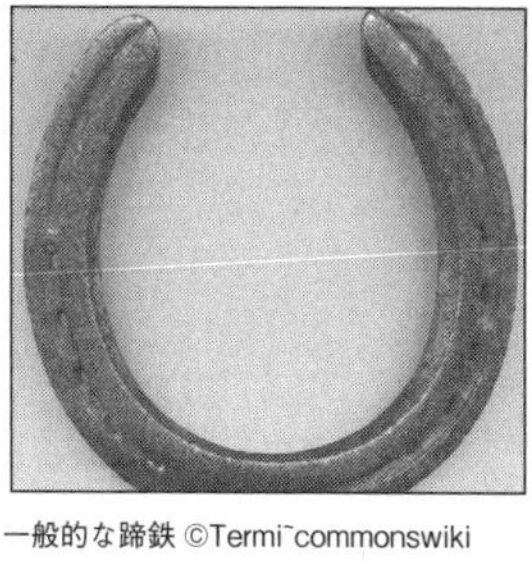

一般的な蹄鉄 ©Termi~commonswiki

とを見ぬき、馬を塀にしっかり縛りつけてから仕事を始めた。悪魔を苦しめるよう、くぎ打ちをしたので、悪魔は耐え切れず大声をあげてあわれみを乞うた。

そこでダンスタンは、お前がキリスト教徒の家に二度と入らないと約束するなら許してやろうといった。悪魔は承知したが、キリスト教徒の家がどうすれば見分けられるかというので、ダンスタンはしばらく考えた後、蹄鉄を示し、これが印だ、戸口にこれが付いている家に入ってはならぬと言ったということだ。

「うさぎの足」のお守り

ヨーロッパでは遠い昔から、うさぎは特別な動物と考えられていた。特にケルト人にとって、うさぎは聖なる動物だった。うさぎは非常に多産で、地下で過ごしていることがよくある。これは地下の霊と交わるためで、うさぎの体には霊が宿っていると考えられた。そこでうさぎは、健康、繁栄、生殖のシンボルとされ、うさぎの体の一部を身につけていると、幸せになれると信じられた。うさぎの足は小さくて、容易に乾燥できるし、持ち歩き易いので、多くの人がお守りとして身につけるようになった。

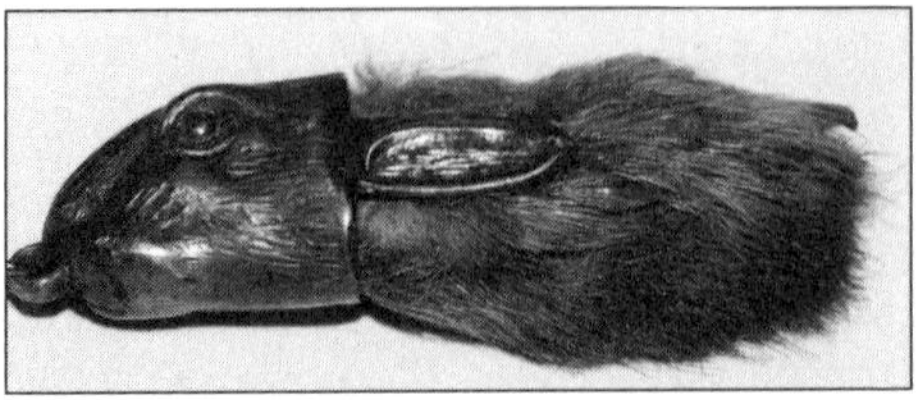
うさぎの足のお守り ©Sobebunny

「紫」は高貴な色

紫色は西洋では地中海でとれる貝の包嚢《ほうのう》から染料のもとをとったが、ごく少量しかとれなかったので、紫色の服は高価で、王侯、貴族や行政、司法の高官、軍の司令官といった身分の高い人でなければ身につけることはできなかった。そこで、王侯の紫と言われていた。英語のpurple（紫）はこの色をとる貝purpura（ラテン語）に由来する。

なお日本でも紫は昔から高貴の色とされていて、聖徳太子が定めた冠位十二階でも、最高位の冠は紫であった。紫色に染めるには、紫草の根をつぶし、煮出した汁につけ、さらに椿の木灰のあくにつけて紫色を出した。

7月と8月は皇帝に捧げた月

今日使っている暦は、ローマ暦の流れをくむもので、ユリウス・カエサル（英語でジュリアス・シーザー）が改革するまでは、ひと月が三十数日のこともあり、1年が400日以上になって、季節の移り変りを無視したものだった。

そこでカエサルは前45年に天文学者たちの意見を入れて、1年を365日とし、4年に1回の閏年を置いて調節する太陽暦―ユリウス暦を作った。

30日の月と31日の月を交互に置き、1年の最後の月、すなわち2月（ローマでは3月から1

年が始まった）を29日にし、閏年には30日にするように決めた。

カエサルはその翌年の前44年に暗殺された。カエサルの部下アントニウス（クレオパトラに恋し結局自殺）の提案により、5番目の月―夏の最初の月（今の7月）―をカエサルの名ユリウス（Julius）で呼ぶことにした。

ところがユリウス暦の運用があまりうまくいかなかったので、ユリウスのあとを継いだアウグストゥス（ローマの初代皇帝）は、12年間閏年を除くよう命じ、暦と季節とが合うようにした。元老院はアウグストゥスに報いるため、前8年に6番目の月（8月）を彼の名Augustusで呼ぶように決め、カエサルの7月と同じく31日にした。その結果、2月を1日減らして28日（閏年は29日）にすることにした。英語で七月をJuly、八月をAugustというのは、このローマの暦に由来する。

その後ユリウス暦の不備を是正した暦が作られた。それはローマ教皇グレゴリウス13世の命で、１５８２年に作られたグレゴリオ暦だ。ユリウス暦は1年の長さが３６５・２５日で、実際の平均年よりいくぶん長いため、グレゴリオ暦では３６５・２４２５日とした。

改暦当時、暦と天象とが、10日ほ

カエサル（左）とアウグストゥス（右）

どずれていたので、1582年10月5日を10月15日として10日間省略し、同時に閏年の置き方を改訂した。4年ごとに閏年をおくが、100で割り切れて400で割り切れない年（たとえば1900年）は平年とするというもので、ユリウス暦にくらべ400年に3回の閏年を省略することにした。

日本では1872年（明治5年）にこの暦を採用して今日に至っている。

暦の話でもう1つ。英語で10月をOctober（8番目の月）というのはなぜだろう。タコのことを英語でオクトパス（Octpus）というから、Octが8を表すことはわかると思う。ちなみに、9月はSeptember（7番目の月）、11月はNovember（9番目の月）、12月はDecember（10番目の月）である。

これは、先にも述べたように、ローマ時代の暦が3月から始まっていたことによる。10月は3月から数えて8番目の月に相当するわけだ。

「エープリル・フール」は暦替えから始まった

4月1日の午前中は、嘘をついても許されるエープリル・フール（四月馬鹿）として知られているが、その由来は、次のようなものだ。16世紀の中頃まで、ヨーロッパでは、新年は3月25日に始まり、7日間すなわち4月1日まで、春の祝いの行事が催され、贈物をしたり宴会を開いたりして、最後の4月1日が最も盛大に祝われた。

ヨーロッパでグレゴリオ暦を最初に採用したのはフランスで、シャルル9世は1564年に新年の初めを1月1日に定めた。それまで、今の4月1日に行なわれていた旧暦新年の贈物や訪問の風習が、新暦の1月1日に移ったが、中には旧習を棄てず、4月1日に冗談半分に新年の贈物をしたり、ふざけ半分に新年の訪問をする人もいた。こういう人を四月馬鹿といって笑った。

フランスではじまったこの風習は、17世紀後半から18世紀の初めにかけて英国へ伝わった。人にむだ足をふませたり、開きもしないパーティーに招待したり、食べられないキャンディーの模造品をプレゼントするなど、つまらないいたずらをするようなことが行われたが、正午を過ぎてからのいたずらは嫌われる。

「ハロウィーン」には悪魔が出歩く

7世紀以来、ヨーロッパでは、11月1日を万聖節（All Saints' Day）として、聖人や殉教者の霊を祀ってきた。

この日はもとはAll Hallows' Dayとして知られていた。Hallowは Holy（聖なるもの）の意のアングロ・サクソン語からきていて、聖人の意。その前夜がAll Hallows Eveになる。これがHallows' Eveになり、さらにHalloweenとなった。

この日はケルト人の暦では1年の最後の日で、その晩にはすべての魔女や魔法使いが出歩くと言われた。またこの1年間に死んだ人の霊も、施しを求めてさまよい歩き、断ると祟りがあると恐れられた。それで人々はかがり火をたいて悪鬼の災いに気をつけた。

門や窓が壊されたり、馬が解き放されたりすると、悪鬼のいたずらとされた。この習慣が転じて子どもが仮装をして歩く現在のハロウィーンになったのである。

魔女狩りでは男性も処刑された

今から400年以上前、中世から近世へ移った頃に西ヨーロッパで魔女狩りが盛んに行われた。魔女だとみなされた者はキリスト教会の異端審問にかけられて否応なく処刑された。その数は15世紀前半から17世紀後半の間で4万人にのぼると言われている。

魔女といっても女性ばかりが対象ではなかった。時代の変遷によって魔女の意味も変化したが、もとはキリスト教の異端派やユダヤ教、土着信仰など、キリスト教会が迫害した集団を指していた。そこには当然男性も含まれるわけで、女性よりも多く男性が処刑される地域もあった。

魔女＝女性という考えが浸透したのは、15世紀に出版された『魔女に与える鉄槌《てっつい》』という魔女狩り用ハンドブックが影響している。版を重ねて読み継がれたこ

マレウス・マレフィカルム著
『魔女に与える鉄槌』

の本に、魔女は男より女の方が多いと記されているため、魔女＝女性のイメージが固まっていったのだ。

ギロチンは人道的な処刑方法だった

ルイ16世やマリー・アントワネットなどの死刑執行に使われた処刑器具ギロチン。断頭台と呼ばれることからもわかるとおり、吊るした刃物を落として人の首を刎ねる処刑器具である。残酷な器具だと目を背けたくなる人もいるだろうが実際は苦痛を伴わずに処刑するという人道的な目的で採用されたものだった。

ギロチンによる斬首刑はフランス革命で採用されたが、それ以前の斬首刑は剣や斧で首を切る方法を採っていた。この方法の欠点は、死刑執行人の技術が未熟だと首がうまく切れずに受刑者が苦痛に悶えるという点にある。

また、斬首刑が適用されるのは貴族だけで、平民には絞首刑の他、四肢の骨を砕いて車輪に固定する車裂きの刑など、恐ろしい処刑法が行われていた。これらの方法に比べれば確かにギロチンの方が人道的に思える。

錬金術から生まれた化学

錬金術とは、他の金属から金、銀などの貴金属を作ろうとしたり、不老不死の万能薬を作ろうとした原始的な化学技術で、紀元前のヘレニズム時代、エジプトのアレクサンドリアあたりで始まったと言われている。

　あらゆる物質は地水火風の4つからできているというプラトンやアリストテレスの四元素説から、金属間の相互変換は不可能ではないと考えられていた。

　古代の錬金術師たちは、卑金属を熱処理して、貴金属を得ようとし、また貴金属を得たと信じた。結局成功しなかったが、従来知られていなかった化学変化を見出し、広汎なデータは近世化学のための貴重な土台となった。錬金術師はレトルト、フラスコ、その他色々の化学器具も発明している。

　ローマ帝国の後半になると、一時盛んだった錬金術も、キリスト教の興隆と共に「異教の学問」として廃れていった。また、偽貴金属が氾濫するなど、益よりも害のほうが多く、インフレーションによる経済の崩壊を恐れたローマ皇帝ディオクレティアヌスは、3世紀末、錬金術書の焚書令を出している。

　その頃コンスタンチノープルの正統派教会から迫害された一派がペルシャに逃亡し、そのさいギリシャの学問をペルシャに伝えたが、その中に錬金術の本もたくさんあった。

　7世紀になるとイスラム帝国が歴史の舞台に登場し、それ以来、ギリシャ、エジプトの錬金術の保存と発展はもっぱらアラビア人によってなされ、5世紀近くも続いた。この時期の名残は、アラビア語に由来する多くの化学用語からわかる。アンビック（蒸留器）、アルカリ、アルコールなどがそうだ。アル（al）は冠詞で、錬金術を英語でアルケミー（alchemy）というが、al＋kimiya（黒い術）に由来する。化学を英語でchemistryというのもkimiyaがもとだ。

アラビア人によって受けつがれた錬金術の文献は12世紀にラテン語に訳され、ヨーロッパにもたらされた。イギリス国王ヘンリー6世（在1422〜1461）は錬金術師に造らせた「人造金」を支払いに当てたため、イギリス金貨の貨幣価値を半減させた。

ブリューゲル作『錬金術師』。16世紀の錬金術師の実験室

近世に入ってからも、重商主義政策と結びついて、錬金術の役割は大きくなった。イギリスではニュートン（1642〜1727）のような学者でさえ関心を示し、政府の財政政策の一環として取り上げられたことさえあった。

しかし17世紀にイギリスの科学者ボイルによってその非科学性が指摘されてから錬金術は急速に衰退した。18世紀に入ると、われわれが現在、化学と呼んでいるものに変わっていった。

麻薬と暗殺者の関係

暗殺者のことを英語でアサシン（assasin）というが、これはハシッシュ（hashish）を飲む者の意のアラビア語に由来する。ハシッシュは大麻から作った麻酔剤のことで、暗殺行為をする前に、士気をあげるためこれを飲まされたことから生まれた。

1090～1272年頃の十字軍時代に、イランの首都テヘランの西北、エルブルズ山脈の4000メートル級の高山に囲まれた険しい山の中に、暗殺団の立てこもる城があった。

彼らはイスラム教シーア派の一分派で、ペルシャの伝統的な神秘思想をもつグループだった。これらの暗殺団は、ペルシャやシリアでキリスト教徒を襲ったり暗殺したりしていた。

城内には豪奢な宮殿や花園があり、美女をかこって天国のようだったと言われている。このような城がいくつもあったそうで、その資金は西アジアの多くの王侯から得ていたという。

暗殺実行者をどうして集めたかというと次のように行われたらしい。頭領から命を受けた家来が山を下って、あちらこちらの村へ行き、屈強な若者を選んで、言い寄り、麻薬を飲ませて眠らせ、眠っているうちに城に運んで、花園に横たえ、若者の目覚めるのを待つ。目覚めた若者は、天国のような花園で美女の接待を受け、快楽を味わう。しばらくすると若者はふたたび麻薬を飲まされて、もとの村に運ばれ、ここで目覚めて現実に落胆する。

この様子を見て家来は「もしお前が頭領の命令に従うと誓うなら、楽園にもどしてやろう」と言葉巧みに話しかけ、服従を誓わせたのち、頭領の命令だといって「誰々を暗殺せよ」と伝える。「暗殺に成功したら楽園に連れていってやる、失敗して殺されても楽園に行ける」と言い聞かせる。

このようにして仕立て上げられた暗殺者は当

時西アジア一帯で恐れられていた。王侯や十字軍の将領で彼らの犠牲になった者も多い。

　彼らの堅固な城塞は度重なる包囲攻撃に耐えてきたが、１２５７年、最後の砦がモンゴル軍によって陥落し、頭領も捕えられて処刑され、残党もすべて殺されたと言われている。

初めて切腹をした人

切腹とは文字通り腹を切る自決方法だが、腹を切ってもすぐには死ねない。苦痛を和らげるために首を刎ね落とす介錯がつくなど、長い歴史の中で切腹は本格的な儀式として行われていた。

　最初に切腹をしたと言われているのは、藤原保輔という人物。平安時代中頃の官人である。

　藤原氏といえば貴族の筆頭だが、そのような人物がなぜ切腹をしたのだろうか。実は藤原保輔《ふじわらのやすすけ》は貴族でありながら、盗賊の頭目でもあった。

　夜な夜な盗みを働いていた保輔は９８８年、事件を起こして逮捕されると、腹を切って自殺を図った。しかしその時は死に至らず、翌日獄中で死亡。これが記録に残っている最古の切腹と見られている。ただ彼の場合は「責任を取って」という意図の切腹と言い切れないため、最古という見方をしない説もある。

　歴史に残る切腹としてあげられているのは、源為朝《みなもとのためとも》である。

　平安時代末期の武将であり弓の名手であった為朝は、保元の乱（１１５６年）の時に崇徳上皇方で戦ったが捕らえられる。伊豆大島へ流された為朝は後に狩野茂光に攻められた。1170年、名誉を重んじた為朝は自らの腹に刃を立てて自害する。

その後、切腹で「名誉ある自害」をする風習は広まるようになっていった。当初は決意が揺るぎないものであることの証明か、また確実に死ぬためか、自ら内臓をひきずり出すということが行われていた。

源為朝（菊池容斎・画、明治時代）

しかしそれでも、死ぬまでは時間がかかるため、江戸時代中期には切腹した者の首を刎ね落とす「介錯」の存在が誕生した。そうして、切腹は制度として確立していったのだ。

歴史を変えた印刷機

世界で初めて印刷物が作られたのは、日本と中国で仏典や儒教の経典を木版で印刷したものだった。現在法隆寺に保存されている「百万塔《ひゃくまんとう》陀羅尼《だらに》」は現存する世界最古の印刷物だ。

木版技術は中国から朝鮮を経て、日本に伝えられたが、一方、アラビアを経てヨーロッパにも伝えられ、手写本のさし絵や花文字の印刷に用いられた。のちには文字も印刷されるようになったが、手間取る仕事で、多くの本はできず、本は貴重なもので、当時寺院に保存されていた手写本や木版刷りの本の大切なものは机に鎖でつないであった。

ヨーロッパでは中世の終わり頃、多くの人が印刷術の改良に取り組んでいたが、中でもドイツのグーテンベルク（１４００？～１４６８）が造った印刷機は、歴史に大きな影響を与えた。

彼は金属活字を作るうえでコインの鋳造技術を利用した。真鍮の鋳型を作り、活字は鉛とアンチモンの合金で作った。活字を１つ１つ集めて、１ページの組板にし、これをぶどうの圧縮機に取りつけ、紙に押しつけて印刷した。インクはすすを油で練って作った。

１４５３年から１４５６年にかけて、彼の最初の本、『四十二行聖書（詩篇）』が刊行された。彼の聖書は手写本の約20分の1の値段だったので普及した。日本にもヤソ会派の宣教師によって１５９０年（天正18年）に伝えられている。

ちょうどこの頃、カトリックと新しいキリスト教（プロテスタント）の宗教対立が始まった。ドイツのヴィッテンベルク大学の神学教授マル

1568年に描かれた印刷所の様子

ティン・ルター（１４８３～１５４６）は、「贖宥状（免罪符）を買えば死後天国へ行ける」というカトリック教会の主張に疑問を呈し、「九五ヶ条の提題」を発表したが、当初、カトリック教会は相手にしなかった。

しかし、これをドイツ語に訳し、グーテンベルクの印刷機で印刷したので、１ヵ月の間にドイツ中に知れ渡った。ルターは破門され教皇との対立は一層激しくなったが、これが宗教改革の口火を切ったわけで、印刷機のお蔭でヨーロッパが大きく変ることになった。

紙の歴史

紙がなかった時代、人は何で物を伝えていたか。話して伝えることは最も原始的な方法だが、多くの人を経ることで徐々に内容が脱線していく。そこで古代の人々は、何かに記録することを考えた。それが「結縄《けつじょう》」である。

結縄とは読んで字のごとく、縄の結び目のこと。結び目の数や形で伝言の手助けとしていたのだ。結縄は世界各地で見られるが、古代インカ帝国では「キープ」と呼ばれていて、簡単な計算にも使われていた。

文字が誕生すると、貝殻や粘土、骨などを使って記録するようになった。動物の骨や亀の甲羅に記された、古代中国の「亀甲《きっこう》文字」や、同じく中国で使われていた竹簡《ちくかん》（細長い竹の板）が有名だ。竹簡を編んでつなげたものを「冊」と呼び、これが書物の原型と言われている（本が１冊、２冊と数えられるのはここから来ているとされる)。

さまざまなものに記録が残されていく中、現在の紙に近い材質だったのが約2500年前に古代エジプトで登場した「パピルス」である。

パピルスとはもともとカヤツリグサ科の植物で、茎の内部を薄く裂いて縦横に重ね、密着させたものを紙のようにして使っていた。後に登場する、植物を漉いて

パピルスの巻物に書かれたエジプトの死者の書 ©Hajor˜commonswiki

作ったものを紙の定義とすると、パピルスは厳密には「紙」ではないのだが、植物を紙状に形成したという点では、起源と言ってもいいだろう。英語で紙を表す「paper」は、「パピルス(Papyrus)」が語源になっている。

つけぼくろをはやらせた天然痘

つけぼくろの風習は1600年代の天然痘の流行から始まった。ヨーロッパの多くの婦人はこの病気のため、治った後も顔にみにくいあとが残った。このあとから人の注意をそらすために、目やくちびるの近くに、小さなパッチをつけ始めた。このパッチは普通黒い絹で、ハート

や星、または三日月形に作られた。

イギリスの医学者エドワード・ジェンナーが1796年に天然痘のワクチンを発明してからは、天然痘も減り、パッチをつける人も減っていった。

ゼロの効用

私たちが日常使っているアラビア数字は2000年ほど前、インドの算術書にあったものが、アラビア語に翻訳され、ヨーロッパに伝わったものだ。

ヨーロッパの手写本中、976年にスペインで書かれたものが最古のもので、これにはゼロはなかったが、12世紀以後のものにはゼロがある。数字のゼロは現在では当たり前のように使われているが、これは6世紀頃、インドで発明されたものと言われている。

ローマ数字や漢数字にはゼロはない。アラビア数字の306は漢数字では三百六、ローマ数字ではCCCVIと書く。アラビア数字では3は百の位、0は十の位、6は一の位で、数字の位置でどの位かが分かるが、漢数字やローマ数字ではアラビア数字のように簡単ではない。漢数字では十、百、千、万などと書きそえなければならないし、ローマ数字では、IXのようにXの左に小さい数字のIをつけると10引く1で9。右につけてXIなら10たす1で11となり、複雑だ。

ゼロが発明されたアラビア数字では、どんな数も容易に表せるので、たし算、引き算、かけ算、割り算をはじめとして、もっと複雑な数の計算も容易になり、数学の発展に役立っている。

ミシンの発明がもたらしたもの

ミシンが発明され、一般の家庭で使われるようになるまでは、女性は針仕事に多くの時間を費やしたものだ。しかし妙なことに、ミシンが初めて登場すると、これは女の生活をおびやかすものと考えられた。おそらく、ミシンが生計のために裁縫をする人々の口からパンを奪うと思われたからだろう。

　フランスの発明家バルテルミー・ティモニエは１８３０年に軍服を縫うミシンを80台造ったが、失業を恐れた裁縫労働者に工場を焼かれてしまった。アメリカのウォルター・ハントも１８３４年にミシンを造ったが、労働者の反対を恐れ、特許の申請も、また実用に供することもできなかった。

　ところが実際はミシンが使われるようになると、若い女性がおおぜい必要になってきたのである。１８６０年にアメリカで起こった南北戦争で、軍服や靴の需要がふえたが、ミシンが無かったなら応じきれなかったであろう。被服工場でミシンを動かしたのは若い女性達で、女性に全く新しい地位を与え、女性解放運動と選挙権獲得に大いに役立った。

　女が外に出て、自分の生計の糧が稼げるようになるや、彼女らはもはや家に閉じ込められて骨折り仕事をしていた頃のように、夫や父親の「奴隷」ではなくなったのだ。

映画は残像から生まれた

映画誕生のきっかけとなった現象が「残像」である。光などを見た後、それが消えても姿がぼんやり残って見える現象のことだ。

残像を利用し、連続した絵を回転することで動いているように見せる「フェナキスティスコープ」が19世紀に発明された。これはパラパラ漫画の原理に近い。

１８７０年代に入ると、イギリスの写真家エドワード・マイブリッジが、馬が走る様子を連続写真で撮影することに成功した。12台のカメラを馬が走る道にセットし、張っておいた糸を馬が走り抜けて切るとカメラのシャッターが押されるという仕組みで、馬が駆け抜ける様子を克明に記録したのだ。この写真をフェナキスティスコープの要領で回転させれば、本物の馬が走っていく様子を見ることができる。

このマイブリッジの写真が、発明家トーマス・エジソンにヒントをもたらした。

マイブリッジの写真に感化されたエジソンは１８８９年、映画撮影用のカメラ「キネトグラフ」と、撮影されたものを見る「キネトスコープ」を発明した。

「スコープ」には顕微鏡や望遠鏡のように「一部を覗いて見る」という意味があり、エジソンの発明したキネトスコープも、スクリーンに映像を映し出す機械ではなく、客が機械を覗いて映像を見るものであった。１人で１台を占領してしまうため効率はよくないが、１８９４年に

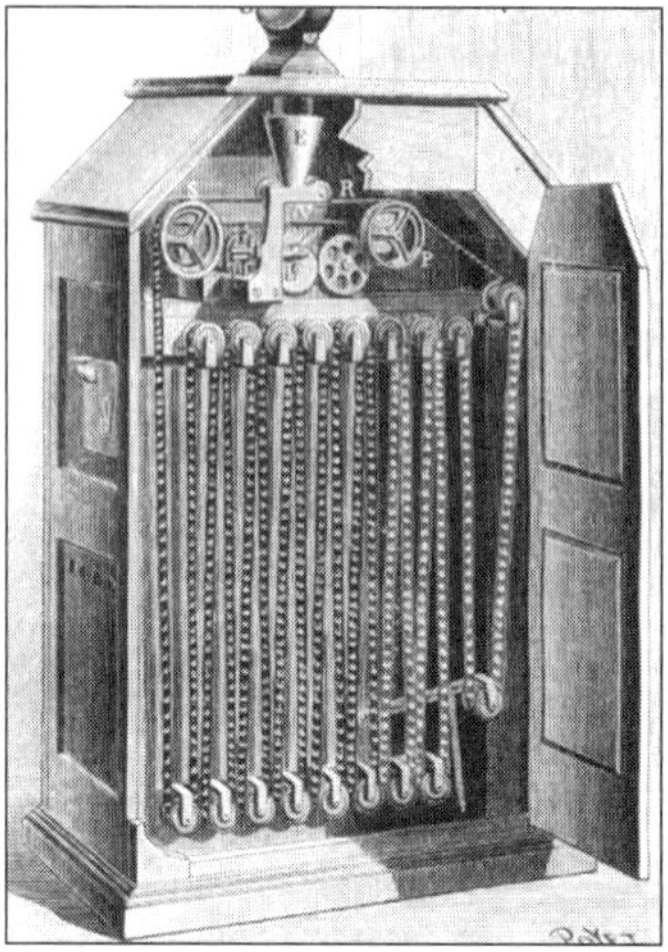

キネトスコープ（開けて内部構造を見せた状態）

ブロードウェイにキネトスコープを見る店ができると、たちまち大人気となった。

1年後、キネトスコープから一歩進んだ発明をしたのが、オーギュスト・リュミエールと、その弟ルイ・リュミエールである。リュミエール兄弟は、スクリーンに映像を映し出す映写機「シネマトグラフ」を開発。これにより、1人ずつしか見られなかった映像を、一度に大勢の人が楽しめるようになった。

日本では、1896年にキネトスコープが、翌1897年にはシネマグラフが登場した。ちなみに、日本ではかつて映画のことを「活動写真」と呼んでいた。その後、「映画」「シネマ」「キネマ」と呼ばれるようになったが、「キネマ」とは、ギリシャ語の「kinematos」（動き）が語源になっているものだ。

当初は人や鉄道などの動くシーンを映し出すだけだった映画に、初めて物語性を組み合わせたのが、1902年に作られたフランスの映画『月世界旅行』（ジュール・ヴェルヌの小説で、ジョルジュ・メリエスが映画を製作）。わずか十数分という短さだが、画期的な作品だった。しかしまだ音声は入っておらず、音声入り映画（トーキー映画）は１９２７年に公開された『ジャズ・シンガー』が最初である。

引き取り手がなかった「モナ・リザ」

神秘的に微笑む貴婦人モナ・リザは、幸せなのか、それとも不幸せなのか。うれしいのか、それとも悲しいのか。この謎めいた微笑が多くの人の心をひいてきた。

この肖像画は、イタリア、フィレンツェの裕福なフランチェスコ・デル・ジョコンドという人が、フィレンツェに滞在中のレオナルド・ダ・ヴィンチ（１４５２〜１５１９）に、自慢の妻を描かせたものだった。

当時はルネサンスの最盛期で、フィレンツェでは町の名士たちが社会的地位を誇示するため、自分や家族の肖像画を描かせることがはやっていた。ジョコンドは妻がより美しく描かれることを望んでいた。

しかしモデルにとって、長時間ポーズをとっていることは、つらいことだった。モナ・リザの悲しそうな、ふくれ面を直そうと、ダ・ヴィンチは苦心した。ポーズをとらせている間、楽人や道化を呼んで、彼女を微笑ませようとしたこともあった。

ポーズの時間―というより期間―は１５０３年から4年間で夫人が24歳から27歳頃のことだった。当時、夫人は子どもを失い悲嘆にくれていたので、彼女の不思議な、言いようのない表情が生まれたのも無理のないことだ。

結局フランチェスコ・デル・ジョコンドは、この絵が気に入らず、受け取ることを拒んだため、しばらくダ・ヴィンチの手元にあったが、フランスのフランソワ1世に招かれたとき、持っていき買ってもらって、フォンテンブローの城に蔵されたとのことである。

レンブラントの『夜警』は夜を描いていない

有名な西洋絵画の1つ、レンブラントの『夜警』。美術の教科書などで多くの人が目にしているはずだ。あの作品、『夜警』というタイトルや絵の雰囲気から夜の風景だと思ってはいないだろうか？

実はあの絵は、昼の風景を描いたものである。絵の表面に塗られたニスが経年劣化のため黒ずんでしまい、暗い色調の絵になってしまっていただけである。第二次世界大戦後、絵の修復作業を行う際にニスを除去したところ、明るい昼間の情景が浮かび上がった。よく絵を見ると、夜だというのにロウソクなどの灯りがないことがわかる。

実は昼の光景だったレンブラントの『夜警』

元々『夜警』というタイトルも、絵の雰囲気を見た後世の人々が名付けたもので、正式名は『バニング・コック隊長の率いる市民の自警団』という。レンブラントもまさか自分の描いた絵のタイトルが勝手に変えられているとは思ってもいなかったことだろう。

ムンクの『叫び』の人は叫んでいない

こちらも有名な西洋絵画、ムンクの『叫び』。そのタイトルから、絵に描かれる人物が叫んでいると思ってしまうが、それは間違いだ。

あの人物は叫んでいるのではなく、耳に手を当てて周りの音を聞かないようにしているのである。では『叫び』とは何かというと、自然を貫く果てしない叫びのことだ。

オスロ国立美術館所蔵　ムンク『叫び』

この作品は、作者であるムンクの体験を基に描かれた。その体験とは、夕暮れ時に友人とフィヨルド（故郷ノルウェーの地名）を歩いていたら空が突然真っ赤に変わり、激しい耳鳴りのような音を聞き、その音にひどく怯えたというものだ。ムンク自身が日記にそう綴っており、「炎の舌と血とが青黒いフィヨルドと町並みに被さるようであった」と表現している。

　余談だが、ムンクは『叫び』を完成させた後、アルコール依存症で精神病院に入院したそうだ。

「考える人」は何かを考えてはいない

　俯き加減で顎に手をやり、じっと考え込んだようなポーズをとっている男性。彫刻家オーギュスト・ロダンの最も有名な作品である「考える人」を見て、誰もが一度は「何を考えているのだろうか?」と思ったことがあるに違いない。

　しかし、あの像は何かを考えているところではない。

オーギュスト・ロダン作「考える人」

「考える人」は、もともと「地獄の門」という作品の一部で、この男性は何かを考えているのではなく、地獄の門（地獄の入口）へ落ちていく罪人たちを、上から見下ろしているところなのだ。
　ではなぜ「考える人」というタイトルなのだろうか。
　実は「考える人」と命名したのはロダン本人

ではなく、アレクシス・リュディエという人物であった。リュディエはロダンが大変信頼していた鋳造家で、ロダンは生前、多くの作品の鋳造を彼に依頼していた。「考える人」像を単体で発表することになった時も、ロダンはリュディエに鋳造を頼んでいる。

銀閣寺が銀箔貼りではない理由

日本を代表する歴史的建造物・金閣寺と銀閣寺。金閣寺はその名の通り金色をしているが、銀閣寺は随分と地味だ。なぜ銀閣寺は銀色ではないのか。

これには諸説があるが、銀閣寺を造った足利義政が、金閣寺に倣って銀箔を貼る予定だったのが財政難でできなかったという説、山荘として造られたものなので、きらびやかにする必要がなかったという説などがある。

アメリカを独立させた紅茶

紅茶のもとになる茶の原産地は中国の南部で、イギリスには1630年代に初めて輸入された。東洋趣味も手伝って、イギリス人の愛好する飲み物となった。初めはオランダの貿易商が扱ったが、次第にイギリスの東インド会社が貿易を独占するようになり、大量にイギリスに輸入され大衆化が進んだ。今では朝のモーニング・ティー、昼前のティー・ブレイク、午後のアフタヌーン・ティーと一日中紅茶ばかり飲んでいるという印象を受ける。

　アメリカ十三植民地でも、イギリスの影響で紅茶を飲む習慣が広まった。イギリス政府は紅茶の在庫を抱えて経営危機に陥った東インド会社を救済するため、ロンドンの相場より安い値段で、植民地に売却させようとしたため、植民地の密貿易商を中心とする人たちの東インド会社の紅茶陸揚げ阻止運動が起こった。

　1773年の暮、東インド会社の船が茶を積んで、ボストン港に入港すると、民衆の大会が開かれ、陸揚げ阻止が決議された。しかし、総督はこの決議を拒否して、茶の陸揚げをさせようとしたので、12月16日サム・アダムズの煽動演説に元気づけられた急進派の「自由の子たち」はインディアンに変装して、碇泊中の船を襲い、民衆監視のうちに342箱の茶を海中に投棄した。ボストン港内の海水は一時茶の色に変わったというところから「ボストン茶会事件」と呼ばれている。

ボストン茶会事件を描いたリトグラフ（1846年）

　イギリス政府は、懲罰のため「ボストン港湾条令」を制定した。ボストン市が東インド会社に損害1万5000ポンドを賠償するまで、ボストン港を閉鎖するというもので、この処置は激しい反感を買い、他の植民地の同情がボストン市に寄せられた。

1775年レキシントン、コンコードにおける衝突ののち、ボストン郊外のバンカー・ヒルで植民地民兵とイギリス軍との最初の大規模な戦闘が行なわれ、アメリカ独立戦争（1775〜1783）が始まった。

紅茶が媒体となって起こった戦争によってアメリカ合衆国が誕生することになったのである。

パリの窓を塞いだ不動産税

ナポレオン3世の第二帝政時代、セーヌ県知事のオスマン男爵（1809〜1891）はパリの都市計画を立て、大手術を加えた。彼は要所要所に広場を造り、大通りで結び合わせるというプランを立て、実施した。

現在あるバスティーユ広場、レピュブリック広場、オペラ広場、エトワール広場、サンミッシェル広場などや、有名な大通り、シャンゼリゼ、オペラ座通り、サンミッシェル通り、モンパルナス通り、グランブールヴァール通りなどはこのときできたものだ。

古いパリは狭い路が不規則に結ばれ、ひとたび民衆が蜂起してバリケードを築くと軍隊も容易に鎮圧できなかったが、この都市計画でバリケードはなくなった。しかし古いパリの美がそこなわれたと嘆く人もいた。詩人ボードレールは「古きパリも今はなく、都の姿のうつろうは、あわれ、人の心より速し」とうたっている。

当時造られた建物が今なおいくつか残ってい

るが、きれいな窓が1つ2つ塗りつぶされている家がある。これは建築主の趣味の悪さではなかった。フランス革命後の総裁政府時代(1795〜1797)、政府は不動産税を作ろうとした。しかし、建物の表面積の計算が面倒だったので、イギリスの「窓税」をまねて、窓や戸の数で税金を徴収することにした。このため市民はなくてすむ窓を壁でふさいだのだ。

鎖国の原因は奴隷貿易

1444年、アフリカの大西洋岸を探検したポルトガル人は、何人かのムーア人(北西アフリカのイスラム教徒)を捕え、のちに彼らを返す代わりに、10人の黒人奴隷といくらかの砂金を受け取った。これに味をしめ、以後現在の奴隷海岸と呼ばれている地域に進出して、奴隷の取引をしたのが奴隷貿易の始まりとされている。

ヨーロッパ諸国の植民地における奴隷制度は1849年までに廃止され、アメリカ合衆国では南北戦争後の奴隷制度廃止とともに奴隷貿易も終わった。だが16世紀以来アフリカから奴隷として運び去られた住民の数は、300年間で5000万人に達したと言われている。

ところが、奴隷として売られていたのは、アフリカの黒人だけではなかった。

なんと大勢の日本人が、ポルトガル商人によってインドやヨーロッパ、遠くは南米のアルゼンチンにまで、奴隷として売られていたのだ。

それは、1543年、ポルトガル人が初めて種子島を訪れた直後から始まっている。1582年にローマに派遣された天正遣欧少年使節の一行も、各地で日本人奴隷の悲惨な状況を垣間見て驚愕し嘆いている。

また、豊臣秀吉は、1587年（天正15年）にバテレン追放令を発布して、その中で日本人奴隷の売買を厳しく禁じている。ポルトガルの商人にとって南蛮貿易とは、珍しい物品を運んできては日本人奴隷を買いつける商売でもあったのだ。

バテレン追放令を出した豊臣秀吉

日本人奴隷の問題が、やがて日本をキリシタン弾圧や鎖国へと向かわせる要因にもなった。

イスラムの一夫多妻は戦争のため

イスラムの創始者ムハンマド（マホメットは英語読み）は、若い頃メッカの豪商の未亡人ハディージャの手代として働いていたが、認められて25歳のとき彼女と結婚した。

当時すでに多妻の習慣があったが、ムハンマド自身はハディージャの生きている間は他の女性をめとることはしなかった。

アッラーの神の啓示を受けたムハンマドは後にメディアに移り、イスラム社会を制度化・組織化し、当時多神教だったアラビア半島の異教徒と争うようになった。

メディナに移ってからの10年間に、異教徒との戦は、ムハンマドが参加したもの27回、そうでないものが47回あったと言われている。

イスラムの歴史は異教との戦争の連続だった。戦争をすれば主に男性の犠牲者が出て、寡婦がふえる。一夫多妻は寡婦や孤児の救済にもなったわけだ。当時のアラビア半島は奔放な一夫多妻制度で、イスラムの男性が4人まで妻を持つことを許したのは、むしろ社会改革だったようだ。

ただし男性の誰もが2人以上の妻を持つことを勧める制度ではなかった。そしてどの妻にも平等でなければならないと『クルアーン』に規定されている。

しかし19世紀以来、西欧的な近代法がイスラム世界に導入されるようになり、一夫多妻を禁止あるいは制限する国が出てきた。トルコでは1926年に、チュニジアでは1956年の独立時に禁止されている。

皇帝ネロを暴君にした毒

ローマ帝国の皇帝ネロは暴君として有名だが、ネロもはじめのうちは善政をしいていた。しかし、就任から5年後、母親を殺したあたりから、人が変わったように凶暴になったようだ。

その原因は、鉛の中毒によるものだったのではないかと言われている。

古代ローマでは、食器や水道管に鉛が使われていたので、少しずつ溶けて体内に蓄積されたものと思われる。貴族たちは、慢性的に鉛中毒にかかっていたという。鉛中毒は常に鉛を取り扱う職業の人がかかりやすいようだ。

日本でも、江戸時代になって鉛粉が入ったおしろいが普及すると、おしろいを使っていた役者や花魁などが、鉛毒にかかった。

江戸幕府の7代将軍家継は8歳で亡くなっているし、からだが弱く、長生きしなかった将軍がいたが、乳母の胸についた白粉による中毒だったのではないかと言われている。

暴君として知られた皇帝ネロ
©Cjh1452000

長い間使われていた鉛入りのおしろいは、1887年（明治20年）に亜鉛華が、1923年（大正12年）には酸化チタニウムが輸入され、鉛粉の代わりに使われるようになり、1934年（昭和9年）以降は鉛粉の使用は禁止されるようになった。

しかし塗料や絵具には一部使われていて、油絵具のシルバー・ホワイトには鉛粉が入っている。この絵具は分子が細かくて、のびがよく、被覆力があるので用いられているが、皮膚にふれないように注意する必要がある。

水戸黄門は全国を旅したことはなかった

「この紋所が目に入らぬか！」の台詞でお馴染

みの水戸黄門。時代劇の黄門様は助さん格さんなどを伴って毎回さまざまな地を訪れているが、これはまったくの作り話で、実際には全国を旅するどころか関東地方を離れたこともなかったという。

彼の本当の実績は、悪者退治ではなく史書の編纂にあった。水戸徳川家の2代目藩主を務めた水戸黄門こと徳川光圀《とくがわみつくに》は、若い頃は非行を繰り返していたが、司馬遷の『史記』を読んだことで人生が一変。学問の重要性に気づき、自らも史書編纂を行うことを決意した。

明治時代以降に書かれた水戸光圀の肖像画

光圀が編纂を命じた史書はのちに『大日本史』と呼ばれ、幕末の尊皇攘夷思想に大きな影響を与えた。その編纂資料を集めるために日本各地に儒学者を派遣したことが、いつしか水戸黄門の物語を生んだのである。

柳生十兵衛は隻眼ではなかった

江戸初期の剣豪柳生十兵衛は、片目に眼帯をつけた隻眼の剣豪として知られている。徳川家に剣術指南役として仕えた柳生家に生まれ、早くから剣術の才能を発揮していたという十兵衛。時代劇では柳生家最強の隻眼剣士として描かれることが多いが、実は十兵衛が隻眼だったと伝える同時代の史料は存在していない。「隻眼の最強剣士」は十兵衛を脚色するための創作である可能性が高いのだ。

兵法書を著し武芸に秀でた十兵衛は、若い頃に3代将軍徳川家光の怒りに触れて謹慎を言い渡された。

その間12年、剣術修行に身を入れていたと十兵衛自身は記録に残しているが、いつの間にか諸国を巡って武者修行や山賊退治などをしていたという逸話が広く認識されるようになってしまった。

そうした逸話の1つとして、父との稽古中に片目を失明したというものが伝えられ、現在にいたっていると考えられている。

松下村塾をつくったのは吉田松陰ではなかった

奇兵隊を指揮した高杉晋作や新政府のトップとなる桂小五郎、初代内閣総理大臣伊藤博文など、優秀な人材を輩出した松下村塾。その塾頭が吉田松陰だ。

誠意を持って行動すること、相手を信頼すること、短所を責めずに長所を伸ばすことなど、いかに生きるべきかを説いた松陰は、維新を志す若者の精神的な支柱でもあった。

吉田松陰の肖像画

松陰が教えた松下村塾。「なるほど、松陰の塾だから松下村塾なのか」と思ってしまうが、この塾を設立したのは松陰ではなく彼の叔父玉木文之進で、名前の由来は塾のある場所が松本村だったからというシンプルなものだった。

　松陰が塾頭になったのは、ペリー来航時に黒船に乗って海外に渡ろうとした罪で自宅での幽閉扱いとなった頃で、それ以前から塾は存在していた。

中浜万次郎はジョン万次郎と呼ばれていなかった

　19世紀半ば、漁の最中嵐に遭い、アメリカ船に拾われた中浜万次郎ことジョン万次郎。彼はそのまま船に乗ってアメリカに渡ると、英語や航海術、民主主義などを学び、帰国後は日米和親条約の締結や通訳などで活躍した。当時の日本では海外渡航が禁止されていたため、日本人が見たこともない文明社会で生きた万次郎は幕府新政府双方に重宝されたという。

中浜万次郎、1880年頃

　そんなジョン万次郎だが、なぜ「ジョン」と呼ばれているのだろうか。アメリカでの名前がジョンだったのではと思った方もいるかもしれないが、実は万次郎がジョン万次郎と呼ばれたことは一度もない。この呼称は作家の井伏鱒二が1937年に発表した『ジョン万次郎漂流記』という小説の中で用いたもので、アメリカに渡った万次郎の実際の愛称はジョン万次郎ではなく「ジョン・マン」。彼を拾ったアメリカ船の愛称が付けられたのだという。

ナポレオンはラバに乗ってアルプス山脈を越えた

フランスの「英雄」として名高いナポレオン。白馬に乗ってアルプス山脈を越えている自画像は広く知られている。ところが、その自画像に描かれているのは脚色された英雄の姿なのである。

ナポレオンは1800年に、北イタリア侵攻のためアルプス越えを行った。ナポレオンはそれを、古代ローマの敵であったカルタゴの将軍・ハンニバルが行ったアルプス越えに重ね、自身を奮い立たせたという。

そこで、宮廷画家のジャック＝ルイ・ダヴィッドに自らの姿を描かせたのだ。「白馬で力強くアルプスを越えんとする私を描け」との命令つきだったという。つまり、あの絵はナポレオンの希望であのように描かれており、実際は白馬でなくラバに乗って山を越えたと言わ

『ベルナール峠からアルプスを越えるボナパルト』
ダヴィッド作

れ、そちらの絵画も残っている。

『アルプスを越えるボナパルト』
ポール・ドラローシュ作

マゼランは世界一周を達成していない

大航海時代の有名人の1人、フェルディナンド・マゼラン。太平洋を経由して東南アジアに辿り着き、1522年に世界一周を果たしたポルトガルの冒険家だ。しかし、マゼランは正式には世界一周を達成していない。

実際に世界一周をしたのはマゼラン個人ではなく、マゼランの船団だ。長い旅の事故や病気で船員は次々に力尽きてしまう。実はマゼランもその中の1人で、世界一周の途中で息絶えてしまったのである。

マゼラン一行はスペインを出発して太平洋を横断し、フィリピンのセブ島にたどり着いた。初めは現地の人々ともうまく交流し、セブ王とも親しくなったマゼランだが、そ

マゼランの肖像画

のうち彼らだけでなく周辺諸島の人々にもキリスト教への改宗を強引に迫るようになった。それに不満を抱いた現地の人々に殺されてしまったのである。

マゼランが世界一周したことになったのは、彼が若かりし頃、東回り航路でインドに何度か行っており、それを含めると世界を一周する航路をすべて通ったことになるためだと考えられている。

アメリカ初代大統領ワシントンの桜の木の話

アメリカ合衆国建国の父、ジョージ・ワシントン。初代アメリカ合衆国大統領としてその名を知らない人はいないだろう。彼の伝記を読んでいると、必ずと言っていいほど目にする「桜の木の話」がある。

簡単に説明すると、ワシントンが幼い頃に与えられた斧でどうしても試し切りがしたくなり、父が大切にしていた桜の木を切ってしまった。当然父は怒ったが、ワシントンが正直に申し出たのでそれを評価し、過ちを許したというものだ。

「正直であれ」という教訓を与える逸話だが実はこの話、完全なる捏造である。ワシントンの死後、１８００年にロック・ウィームズという牧師が出版した『逸話で綴るワシントンの生涯』という本に記される話なのだが、初版本にはこの話はなく、１８０６年発行の第５刷から掲載されているのだ。牧師が「ワシントンの良い話を書けば本が売れるに違いない」と考えた結果の作り話にすぎず、本は牧師の思惑通り飛ぶように売れたそうだ。

しかもこの悪徳牧師は、自分を「マウント・ヴァーノン教区」の牧師だと自称しているが、その教区も存在せず、彼の経歴すら不確かなものだというからとんでもない人物である。

幕府は外国に対して粘り強い交渉をしていた

幕末の幕府は外国の圧力に屈して弱腰になり日本に不利な条約を受け入れた悪者として非難されることが多かった。だが、近年は幕府の外交政策が見直され、実際には日本の自立を守るため奮戦していたことが明らかにされている。

不平等条約だと言われる日米修好通商条約には、外国人が日本で罪を犯しても日本人が日本の法律で裁くことができないこと、関税を自国で設定できないことなどの条項が含まれており、これらの条件はアメリカには適用されなかった。

一見すると確かに不平等な条約だが、武力的には幕府が圧倒的に不利だったため、現実的に考えれば条約の拒否はできなかった。また、当時の日本は権力が幕府や諸藩に分散していて全国どこでも通用する統一的な法体系がなく、領事裁判権が認められたのも仕方がないことではあった。

不平等条項ばかりが注目されるが、実は日本に有利な条項もあった。それが外交官以外の外国人は居留地から10里（約40キロ）以内しか移動できないという制限だ。この制限は、外国商人の産地での直接の買い付けを阻止し、彼らが日本国内市場へ侵入するのを防ぐという大きな役割を果たした。開港した横浜では、商機を掴もうと日本人商人が集まり、外国商人相手に全国の産物を売りつけて利益をあげた。幕府側もこうした事態を予測していたため、外国人の移動制限条項に関しては最後まで折れなかったのである。逆に日本人がアメリカに行っても移動制限が課されることはなかったから、その点でも日本にとって有利な条項であることがわかる。

交渉相手になったアメリカ駐在大使ハリス

交渉役の幕府役人も、条約交渉の準備として西洋諸国に関する情報を集めていたため、アメリカ駐在大使ハリスの詭弁にも簡単には騙されなかった。アメリカは他国から領土を奪ったことがないという発言（実際はこの交渉の数年前にメキシコから領土を奪い取っている）や、貿易が両国に利益をもたらす（インドやアフリカ、中国では貿易によって成長段階の国内産業が破壊された）といった誘い言葉のウソを見抜き、粘り強く交渉を続けたのである。

02 マークと言葉の知的雑学

骸骨の図柄の海賊旗

黒地に白く頭蓋骨と、その下に×字形に交叉した大腿骨とを染め抜いた海賊旗は、英語でblack flagやJolly Rogerという。Jolly は「陽気な」、Roger は男の名前だが、昔はrogue「悪党」の意味でも使われた。

この骸骨の図柄は死の象徴で、「降伏せよ、さもないとお前たちの運命はかくのごとし」とおどしたものだが、この海賊旗が使われたのは１７００年頃から30年代にかけてのごく短い海賊黄金時代だけだった。

海賊旗のデザイン ©Manuel Strehl

「?」マークの起源

ラテン語（昔ローマで使われた言葉）では、一時期、疑問文の終りに疑問のしるしとしてquestioという語をつけ加えたが、あまりにもわずらわしいので、長くは続かなかった。

短縮してＱＯとしたが、これも疑問文の終りの語の一部と間違えられたので、重ねて書くようになった。

それが次第に縮められて「?」になり、これが諸国語に取り入れられて、今日に至っている。

トランプのマークの意味

われわれが「トランプ」と呼んでいるものは、英語ではPlaying cardといい、トランプは「切り札」のことである。

昔、ジプシーがトランプの前身のタロットカード（22枚1組のイタリア式トランプ）を使って占いをしながら渡り歩いたが、現在のような形体のトランプ遊びは14世紀のフランスにさかのぼる。

4つのマークは当時のフランス社会の4階層を表わしている。盾の形をしたハートは貴族と教会を表し、やり先の形のスペードは軍人を、クローバー形のクラブは農民を、商人の店の化粧タイルの形をしたダイヤは中産階級を表している。

17世紀のヨーロッパの上流社会では、トランプ遊びが盛んで、宮廷でも賭けトランプが行なわれ、国王自ら大博打をうったそうだ。イギリスのチャールズ1世（1600～1649）は1628年に豪華なトランプを作らせ、遊戯に夢中になったが、トランプで失う以上のもの―自分自身の首―を失った。議会を無視した勝手

トランプ遊びにのめり込んだチャールズ１世

な行動が多かった王は、暴君、反逆者、虐殺者、国家の公敵として、死刑の判決を下され処刑された。

ドル記号の由来

アメリカ植民初期に貨幣はイギリスから少しは入ってきたが、日常の取引には不充分であった。イギリスではアメリカからの輸入品に対し、貨幣でなく製品で支払うことが多かったからだ。しかしスペイン銀貨は西印度諸島から、ニューイングランドの商人により持ち込まれ、かなり流通していて、賃金などもスペイン貨幣で支払われることが多かった。

18世紀の終わり頃、アメリカ植民地で、イギリスのポンドと異なる通貨単位を決めようとした時、第3代大統領トマス・ジェファソン（1801〜1809）は通貨の基本単位を、一般に広く使われているスペイン・ドルすなわちペソにすると宣言した。そしてこのコインの裏にはヘラクレスの柱を表す2本の柱が刻み込まれていた。のちにドルの記号はこの2本の柱を2本の縦線で表し、その上に複数語尾のSをつけて現在のマークとしたのである。

円はなぜ「en」ではなく「yen」と書くのか

日本の通貨単位は円。ところが、ローマ字表記すると、なぜか「en」ではなく「yen」

となる。これはなぜか。

まずは発音説。「ｅｎ」だと、外国語では「イン」に近い音になってしまうのだ。そこでより「えん」に近い音になるよう頭にｙをつけて「ｙｅｎ」とした。次に同スペルの単語との区分け説。オランダ語で「ｅｎ」は「～と」という意味、さらにスペイン語では「～の中に」という意味がある。これらと区別するために「ｙｅｎ」という単語にした。どちらも円滑にやりとりする意味では納得のできる説である。

ロールス・ロイスのエンブレム

ロールス・ロイス社の車は、イギリスが世界に誇る最高級車である。1台1台手作りに近い方法で造られているため高価で、この車を持つことは、高い社会的地位を示すものとされている。この会社はイギリスの実業家ロールスと電気技師のロイスによって1906年に設立された。シルバー・ゴーストとかロールス・ロイス・ファントムという名車を出している。

ところでロールス・ロイス車のフロントグリルには、どれにも同じ小さな美しい像が輝いているが、これにはわけがある。

かつてロールス・ロイス社が頭を悩ませたことがあった。それは、この車を買った人が、自

ロールス・ロイスのエンブレム

分の車にそれぞれ好みのマスコットをつけたことだ。

ゴルフボールをつける人もいれば、ブルドッグの肖像をつける人もいた。これではイメージ・ダウンだと考えた。

高価な最高級車が、車に似合わない安物の飾り物で、醜い姿にされることには、がまんできなかった。そこでロールス・ロイス社のすべてのモデルの車に、同じ小さな像のエンブレムをつけることにした。

それで彫刻家サイクスの創作したフライング・レディの像をラジエーターのふたの上につけることにした。

この像はギリシャ神話の勝利の女神ニケをかたどったもので、翼のある少女の姿で表されている。角張ったラジエーターからギリシャのパルテノン神殿を連想して作ったのだそうだ。

「ＯＫ」は何の略？

all right（オーライ）の意味の略字なら、ＯＲとしてもよさそうなのに、ＯＫとするのはなぜか。

一説ではボストン市民独特の表現であるall correct（すべて間違いない）を誤ってつづり、oll karrect と書いたものの略形であるという。

また別の説では、アメリカ第8代大統領マーチン・バン・ビューレンの支持者が、彼の生地オールド・キンダーフック（old kimderhook）にちなんで、その頭文字をとって作ったＯＫクラブに由来するという。

未知の「x」

「ミスターX」「惑星X」など、謎めいたもの、未知のものを表すのに「X」を使うことが多い。これには次のような由来がある。

未知の数量を表すのに用いられたアラビアの語はsheiだった。これがギリシャ語に書き換えられるとXeiとなる。これが縮められてXとなったというわけだ。

「々」って何？

「日々」「人々」など、同じ漢字を繰り返す時に使われる「々」。実はこれには読み方が存在しない。漢字ではなく踊り字と呼ばれる特殊記号だ。「々」は使い方にルールがあり、1つの漢字を同意義で繰り返す場合に使われる。例えば「民主主義」のように、意味が異なる場合には使わない。

半旗を掲げるようになった由来

弔意《ちょうい》を表すために国旗を竿の頭から3分の1ほどさげて掲げる習慣のおこりは次の通りである。

昔海戦で破れると、艦旗をマストの下の方に掲げて、勝者の旗をつける余地を上に残したのである。この習慣はもはやなくなったが、敬意を表す印として、なお行なわれている。

半旗として掲げられたスウェーデン国旗

さらに偉い人が亡くなった時、弔意を表すための半旗を掲げるのが今日の慣例になっている。

船の大きさの「トン」と重量の「トン」は別物

船の大きさは「トン」という単位で表される。

このトンは、重量の単位の「トン」とは別物だ。船の大きさを表す「トン」の起源は、15世紀までさかのぼる。

当時のイギリスでは船に積める酒樽の数で税金が決められていて、樽の数を船の大きさで表すようになった。この酒樽は1つずつ叩きながら数えられたのだが、この叩いた時の音「タン、タン」が「トン」となって単位になったと言われている。

鉛筆のH、HBとは？

鉛筆にはHとかHBといったアルファベットが振られている。これは何を表しているのだろうか？

HやHBとは、鉛筆の芯の濃さと硬さを表すもので、Hが硬さ（hardの頭文字）、Bが濃さ（blackの頭文字）を表している。硬さは9（9H）まであり、数が大きくなるほど硬くなっていく。

一方濃さは6（6B）まであり、数が大きくなるほど濃く書ける。

芯の硬さは、含まれる粘土と黒鉛の割合で決められていて、HBならば黒鉛と粘土の割合が7：3となっている。

スキージャンプの「K点」とは？

K点とは飛距離の基準点のこと。もともとはドイツ語で極限点を意味する「Kritisch Punkt」の頭文字で、「これ以上飛んだら危険」という地点のことだった。

K点より手前の、まだ傾斜がゆるい場所に着地すると、そのまま滑っていくので危なくないが、傾斜のゆるい場所に着地しようとすると地面に激突する格好になってしまう。

この危険を避けるため、K点が設けられたというわけだ。

だが競技が進化するにつれて、楽にK点を越える選手が続出。そこで極限点を表す「Kritisch Punkt」の頭文字ではなく、建築基準点を表す「Konstruktions Punkt」の頭文字となった。

現在はK点を基準にして、着地滑走路の傾斜角度が決められている。

信号機はなぜ赤・青・黄色なのか

歩行者用、車両用、押しボタン式、時差式など様々な形がある信号だが、ライトの色は赤・青・黄色とどれも同じ、さらに全国共通である。なぜ信号機の表示はこの3色なのだろうか。信号機が誕生したのは1868年のイギリス。当時はガスで点灯し、色は赤と青の2色だけだった。

ストックホルムの信号機（1953年）

電気式の信号灯が登場したのは1918年のニューヨーク。この時には黄色を加えた3色が使われていた。日本に点灯する信号機が登場したのは1930年、東京銀座に設置された。

歴史を見ると、赤と青は最初から使われていたことが分かるが、この色が採用されたのは、赤、青、黄色が色の三原色であり、最も基本の色であること。また、警告を発する機械であるという点で、目につきやすく目立つ色を使おうとした結果である。

「目からウロコ」は蛇の鱗

一般に「目から鱗が落ちる」というが、この言葉は「あることをきっかけとして、事の真相や本質が急にわかるようになる」という意味で使われている。これは新約聖書の使徒行伝にある言葉で、有名なパウロがユダヤ教徒からキリスト教の宣教者に変身したくだりから来ている。

　ユダヤ教徒サウロ（パウロのヘブル名）は、キリスト教徒迫害のため、ダマスコ（現在のシリアのダマスカス）に赴いたが、途中で一条の光が天からさしてきてサウロは地上に倒れた。その時「サウロ、サウロ、どうして我々を迫害するのだ」との声を聞き、誰かと尋ねると「我は汝の迫害するイエスである。

サウロの肖像画

立って町に入りなさい。そこで汝のなすべきことを告げよう」との声を聞くが姿は見えない。

　サウロは立ち上がって目を開いたが、何も見えなくなっていた。一同はサウロの手をひき、ダマスコへ連れていった。サウロは3日間、見ることも、食べることも、飲むこともできなかった。

　一方、ダマスコにアナニアというキリスト教徒がいて、主は幻の中に現れて、アナニアに呼びかけ、ユダの家に行き、クルソから来たサウロというものを訪ねるよう命じる。

　アナニアは立ってその家に出かけ、サウロの上に手をおいていった。「兄弟サウロよ、君がもう一度視力を得て、聖霊で満たされるようにするため、途中、君にあらわれ給うた主イエスが私をつかわされた」と。するとサウロの目からたちどころにうろこのようなものが落ち、その目は再び見えるようになり、立ち上って洗礼を受け、食物をとって元気づいた。

サウロはしばらくダマスコの弟子たちのところにいたが、ただちに会堂へ行って、イエスは神の子であると述べ始めた。

以上はサウロがダマスコに行く途中キリストの声を聞き、回心し、キリスト教徒の迫害者から宣教者へと大変心した事情を述べた部分だ。ウロコというのは魚の鱗ではなく、蛇の鱗のことで、サウロを脱皮変身する蛇に見たてているのだろう。

千一夜物語の「一」

千一夜物語は14世紀から15世紀にエジプトで集成されたアラビア語の物語で、アントワーヌ・ガランのフランス語訳によって、初めてヨーロッパに伝えられた。英訳は最初ガランの仏語訳をもとにしたが、その後多くの人によって訳された。

この物語の梗概は次のようなものである。インドと支那の王シャフリアールは妃の不貞を知って女性を信用できなくなり、処女を娶ってはすぐに殺していた。ところが宰相の娘のシャ

アントワーヌ・ガランの『千一夜』フランス語版表紙

ハラザードが自ら進んで花嫁となり、毎夜王に物語を聞かせ、話が佳境に入ると、中止してその続きは翌晩聞かせることにして、物語はえんえん千一夜まで続き、王はついに心を解いたという形式である。

それでこの物語は文字通り千一夜に及んだ話だが、フランス語で千一はmille un(e)、これに対し千一夜物語はLes mille et une Nuitsという。……et un(e)（……と一つ）をつけることにより、千一夜物語をもじって、「無数の」の意味で用いられるようになった。

百一（cent un(e)）も「たくさんの」の意味で使うときはcent et un(e)という。

英語の場合も同様で、a thousand and oneとa hundred and oneは「数えきれない、たくさんの」の意味で使われている。

このように端数の一をつけることによって、数の多い観念を強調する語法はヘブライ語からきたものらしい。

「梁山泊」は沼地の名前

梁山泊《りょうざんぱく》という言葉は、有志が集う場所とか、特定の団体の名称などにも利用されている。しかし本来は、現在の山東省に存在していた湖沼地帯で、中国の大衆小説『水滸伝』の舞台である。

当時の黄河は頻繁に氾濫し、流れを大きく変えていた。周辺には大きな水たまりともいえる湖や沼が現れては消えていくということを繰り返していた。梁山泊もその1つで、梁山の麓にあった。非常に守りやすくて攻めにくい場所であったから中央政府の統治が行き届かず、往々にして山賊たちの住処となっていた。

水滸伝は宋代の群盗宋江ら108人が山東省「梁山泊」に集まり義を誓って活躍する話で、日本でも江戸時代に、滝沢馬琴や岡島冠山が訳出して広まった。戦前までは『三国志』よりも、もっと一般的な読み物として多くの人に読まれていた。

転じて、豪傑や豪傑気どりの野心家などが集合するところを梁山泊と言うようになった。

なぜ円形闘技場を「コロッセウム」と呼ぶか

イタリア・ローマの観光名所の1つである、円形闘技場「コロッセウム」。コロシアムの語源にもなった剣闘士たちの戦いの舞台である。だが、これとは違う正式名称があることを知っている人はどれだけいるだろうか。

紀元80年から闘技場として利用されていたこの施設は、正式名称を「フラウィウス円形闘技場」という。これは建設当時のローマ皇帝の姓「フラウィウス」に由来している。コロッセウムと呼ばれるようになったのは、「コロッセオ」とい

多くの観光客を集めるコロッセウム
©Jean-Pol GRANDMONT

うラテン語で「巨大な」を意味する単語をあてがったからとも、闘技場の傍に巨大なネロ皇帝の石膏像（コロスス・ネロニス）があったからとも言われるが、いずれにせよ後世につけられた名称である。

「ブランド」とは家畜の焼き印

ブランド品は若い女性に人気があるようだ。

ブランドとは商標、……印、（商標付きの）品質、といったような意味で、ブランド品といえば、有名な銘柄の品、レッテルなどで示された品質保証の品、のことだが、もとは所有者を示すために家畜に押した焼き印のことで、焼き印用の鉄印のこともいう。

Brand は古英語では「炎」の意で、brand-new といえば「（炉の火で焼いたばかりの）真新しい」の意である。

「猫も杓子も」は神道信者と仏教徒

ネコもシャクシものネコは猫ではなくて禰子《ねこ》で、これは神道の信者のこと。またシャクシは杓子ではなくて、釈子すなわち仏教徒のことで、「神道の信者も仏教徒も」ということから、「どんな人も」「どいつもこいつも」の意味で使われるようになった。

宮司《ぐうじ》のことを禰宜《ねぎ》というが、宜はまつる意

で、禰は神道をさす。釈は釈迦のことで、釈門、仏門をさす。

なお猫はどこの家にもいるし、杓子もどこの家にあるものだから、この２つを一緒にして、「だれもかれも」の意で使われるようになった、とする説もあるが、どこの家にもいるもの、あるものは猫と杓子ばかりではないので、前説の方が納得できる。

アメリカ軍の「ジープ」の由来

終戦後の日本に馴染みの深い「ジープ」が初めて米軍におめみえした時、General Purpose Vehicle（汎用車）と呼ばれ、頭字のＧ・Ｐが車の側面に書かれていたので、人はこれを「ジーピー」と言い、つめて「ジープ」と言った。

金融街の名前の由来

ウォール・ストリートはニューヨーク市マンハッタンの南端近くにある狭い一角だが、株式取引所、証券会社、大銀行などが集まっている世界の金融の中心地となっている。

この通りの名をつけたのは、最初に入植してきたオランダからの移住民だった。原住民であるインディアンの侵入を防ぐと共に、飼っている牛が出て行かないようにと、１６５３年に築いた板壁（wall）に由来する。

オランダ人の築いた板の壁は１６９９年まで

に取り除かれ、通りになり、壁はなくなったが、今なお「ウォール・ストリート（Wall street）」と呼ばれている。

イギリスでウォール・ストリートに相当する所は、ロンドンのシティーにある「ロンバード街」だ。このロンバードという名称にもいわれがある。

イタリアの北部にロンバルディアという州があるが、中世にここで質屋を営んでいた人たちが、のちにロンドンのこの場所に移り住んで、金融業を営むようになったことに由来する。

ウォール街の道路標識 ©Hu Totya

源頼朝・平清盛などの名前の「の」とは

平清盛、源頼朝、藤原道長……彼らの名前には共通点がある。名前の読みに漢字とは関係ない「の」が入ることだ。

同じ歴史上の人物でも、徳川家康や北条時政、豊臣秀吉など「の」が入らない人物も多い。この「の」は何を意味しているのだろう？

これにはかつての氏姓制度が関係している。氏とはある流れの一族のこと。例えば蘇我馬子なら、「蘇我氏に属する馬子という人物」という意味だ。次に姓とは、氏の身分や地位を表すもの。それぞれの氏に見合ったものがつけられる。これら氏と姓の間をつなぐのが、「の」

なのだ。

やがて「源」「平」「藤原」「橘」が主な氏として拡大するが、紛らわしいという問題を生んだ。そこで「氏＋姓」ではなく「苗字＋名前」を名乗るようになったというわけだ。

「鴨南蛮」の南蛮はネギ

昔、中国では自分たちを中華というのに対して、周囲に存在する未開の異民族を、東西南北それぞれ、東夷《とうい》、西戎《せいじゅう》、南蛮《なんばん》、北狄《ほくてき》と呼んだ。南蛮とは、南に住む野蛮人のことである。因みに日本人は東夷に相当する（『後漢書東夷伝』など）。

日本では、室町末期から江戸時代にかけて、シャム（タイ）、ルソン（フィリピン）、ジャワ（インドネシア）、その他の南洋諸島のことを南蛮といい、またその方面から来たポルトガル人、スペイン人を南蛮あるいは南蛮人と呼んだ。珍しい品物、異風なものを呼ぶのにもこの語をつけた。

南蛮菓子といえば、金米糖、ボーロ、カルメラ、カステラなどで、ポルトガル、スペイン、オランダなどから渡来したものだ。

南蛮船は室町末期から江戸時代にかけて、ルソン、ジャワ、シャムなど南洋方面から渡来したスペイン、ポルトガルなどの船のことだ。

南蛮絵は桃山時代前後に渡来した西洋画、またこれをまねた画風で、西洋の風俗、宗教的題材を描いたもので、南蛮屏風はポルトガル人渡来の情景を描いた大風俗屏風である。

食べ物の名にも「南蛮」をつけたものが多い。

南蛮漬け等、唐辛子の入った辛い食べ物に南蛮とついているのは、南蛮人が唐辛子を持ってきたことに由来する。

さて表題の鴨ナンバンだが、これは今まで説明してきた南蛮とは由来が異なる。

鴨南蛮やカレー南蛮などの南蛮は、難波がなまったもので、葱の入った料理をさす。もともと大阪の難波地域（現在の高島屋のある地域）は葱の産地で、大阪では葱のことをナンバと呼んだ。ナンバがやがてナンバンとなって、葱と鴨（鶏肉）の入ったうどんを鴨南蛮というようになった。

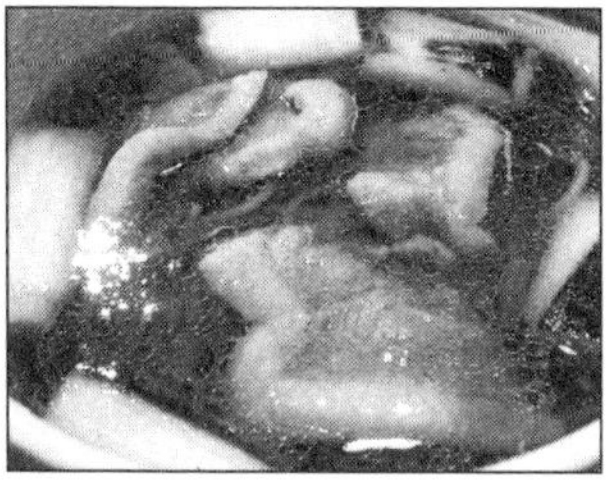
鴨南蛮にはネギが欠かせない ©Opponent

「日本」はニホンかニッポンか

我が国の名称「日本」。読みを尋ねれば、「ニホン」と答える人もいるだろうし「ニッポン」と答える人もいるだろう。どちらが正しいのだろうか？

結論から言うと、「どちらでも良い」。広辞苑の「日本」の項目には『現在も、よみ方については法的な根拠はないが、本辞典においては、特にニッポンとよみならわしている場合以外はニホンとよませることにした』（『広辞苑　第四版』より）とある。

１９３４年に文部省臨時国語調査会が呼称の統一案として「ニッポン」にすることを決めた

が、政府で承認されなかったため、これが明確な定義となることはなかった。

「月並」が平凡を表す理由

「月並」と言えば、平凡な様子を指す言葉だが、月はこの世に1つしかない大きな星。とても平凡には思えない。

そもそも「月並」とは「毎月の」「月に一度の」といった意味。江戸時代の末から昭和にかけて、月ごとの俳句を詠む会を「月並俳諧」と呼ぶようになった。

「月並」が平凡を指すようになったのは、俳人として有名な正岡子規の発言による。

月並俳諧で詠まれている俳句は、陳腐で理屈がちなものが多かった。俳句や短歌の革新につとめていた正岡子規は、そんなありがちなものばかり作る月並俳諧を、実に平凡でつまらないと批判したのだ。

明治を代表する歌人・正岡子規

学ランの「ラン」とは？

詰襟の制服を学ランと言う。この学ラン、「学」は学生の学と想像がつくが、「ラン」は何のことなのだろうか？

このランは漢字で書くと「蘭」で、オランダ

（阿蘭陀）のこと。江戸時代、洋装は全て「蘭服」と呼ばれていた。当時西洋と言えば、唯一国交のあったオランダだったからだ。蘭服はランダとも呼ばれ、学生が着る服を「学ラン」と呼ぶようになったのが、現在も続いているというわけだ。

「真っ赤な嘘」はなぜ真っ赤？

まったく根拠のない嘘のことを「真っ赤な嘘」と言う。

これは「赤」に「まったくの」「明らかな」という意味があるため。この表現は古来使われているもので、赤の語源が「明るい」であることからきている。太陽や火の赤で、周囲がハッキリ見えることも関係しているのだろう。

ボクシングの試合場をリング（輪）というわけ

ボクシング場は四角に囲ってあるのにリング（輪）というのはなぜだろう。サーカスの円形曲馬場はサーカス・リングと言っている。

プロボクシングの初期には、ボクサーたちは町から町へ、その土地の人と試合をして回った。試合

四角いのになぜリング？ ©Mats01

をするときは、数人の観客を輪に並べ、ロープを持ってもらった。プロボクサーの一人に挑戦しようとする人はこの輪の中に帽子を投げ込んだ。そうしてから試合が行なわれたものである。

　観客の数がふえてきて、手で持っているロープの輪では都合が悪くなり、地面にくいを打ち込んで、それにロープを結んで囲いを造ることになった。くいを4本立てたので、四角い囲いができ、今日に至っている。しかし呼び名だけは昔のままリングを使っている。

「折角」の語源は

「折角」にはさまざまな意味がある。まず「角を折る」ところから「骨を折ること」「心を砕くこと」の意味がある。例えば「折角のご好意」。次に「めったにないこと」の意で「折角の休日が雨になった」など。以上は名詞としての場合だが、副詞として「十分気をつけて」の意味がある。「折角御身ご大切に」。

　次に「わざわざ」の意味は次の故事から生まれた。後漢（25～220）の林宗という人が頭巾をかぶって外出したところ、途中雨にあい、頭巾の角が折れ曲がってしまった。林宗という人はよほど伊達男だったに違いない。角の折れ曲がった頭巾をかぶった彼の姿を見た人々は、これをまねるようになり、頭巾の角をわざと曲げるのがはやった。これを林宗巾と呼んだそうだ。

　わざわざ角を折るところから「わざわざ」の意の「折角」という言葉が生まれたとのことだ。

「四六時中」は4×6

「四六時中」というのは四×六＝二十四で二十四時間中、一日中のこと。

言葉の中でかけ算をしているわけだ。「二六時中」ともいう。

英語にも似た表現がある。

「人生」70年をthree score and tenという。Scoreは20で、3つの20に10を加えて70というわけだ。

フランス語では80を20が4つ quatre-vingts（キャトル・ヴァン）、90を20が4つに10を加え quatre-vingt-dix（ディス）と言い、まことにわずらわしい。

「馬脚を露す」とは？

芝居で馬の足の役者が、何かの拍子で姿を見せてしまうことから、かくしていたことが露呈すること、ばけの皮がはがれる、ぼろを出すことを「馬脚を露す」というようになった。これはフビライが建てた中国の元（1271〜1368）の頃にはやった劇「陳州糶米」という劇が出典だそうだ。

目上の人には使えない「他山の石」

詩経に「他山の石、以《もっ》て玉《たま》を攻《おさ》むべし」とある。よその山から出た粗悪な石でも、自分の宝石を磨く役に立つという意から、比喩的に使われ、自分より劣っている人の言行も自分の知徳を磨く助けとすることができる、という意味で使われる。それゆえ「他山の石」を目上の人に向かって、「先生のお言葉を他山の石として努力いたします」などというのは失礼になる。

「あげくのはて」のあげくは和歌の下の句

「あげくのはて」の「あげく」とは「挙句」のこと。これは連歌・連句の最後の七・七の句のことで、揚句とも書く。仕上げる句という意味でつけられた名称だろう。転じておわり、結局の意が生じ、これに「……のはて」がついて強めたもの。最後の最後。とどのつまりの意。

「とどのつまり」のとどは魚

この言葉は「つまるところ」「結局」の意で使われるが、「とどのつまり」の「とど」は魚のとどである。とどは「ぼら」の4歳魚のことで、ぼらは出世魚と言われ、東京付近では成長段階順に、稚魚のおぼこから、すばしり、いなになり、2歳魚になってぼら、4歳魚になるととどと呼ばれる。とどは卵を産んで死んでいく。このことから「とどのつまり」という言葉が生まれたという。

成魚になるまでは毎年、海と川との間を往復するが、産卵するときは海へ出る。内湾や川口でとれるものは泥臭いことがあるが、冬のものは美味で刺身、フライにして食べる。卵巣は塩漬けにし、圧搾乾燥し、「からすみ」として賞味される。

「誤魔化し」はゴマのお菓子

「誤魔化し」と書くがこれは当て字。本来は「胡麻菓子」から来ている。文化・文政（１８０４〜１８３０）年間に、江戸にあった「胡麻胴乱」という菓子を胡麻菓子といったが、この菓子は小麦粉に胡麻をまぜて焼きふくらませたもので、中は空であった。そこから、外見だけよくして内容の伴わないもの、みかけだおしのことを胡麻菓子といったことから生まれた言葉。「ごまかす」は「ごまかし」を活用させたもの。

「胡麻すり」とはあちこちくっつく人

炒った胡麻をすり鉢ですりつぶすとき、鉢のあちこちにつく様から、あの人につき、またこの人につくこと、またそういう人のことを「胡麻すり」といって毛嫌いされるようになった。同じ意味を表す「内股膏薬《うちまたこうやく》」という言葉があるが、同様に、内股に貼った膏薬が左右の内股にくっつく様を言っている。

「四苦八苦」はすべての苦しみ

仏教では、生苦、老苦、病苦、死苦を四苦と言っている。生苦は、この世に生まれて、生きていくこと自体苦であるというもの。老苦、病苦、死苦は文字どおりでわかりやすい。

八苦は、愛する人と別れる苦しみの愛別離苦《あいべつりく》、いやな人と会う苦しみの怨憎会苦《おんぞうえく》、欲しいものが得られない苦しみの求不得苦《ぐふとくく》、身心は生長にともない苦しみに満ちてくるという五蘊盛苦《ごうんじょうく》の四苦を、上の四苦に加えたもの。

四苦八苦は仏教の言葉で、「一切は苦」であるという考え方。それらが鎮まれば、すなわち、まよいが解けて悟りの境地になれば安楽になれると説いている。

「おあいそ」は本来店が使う言葉

この言葉は大阪方面から始まった言い方のようだ。

料理屋で客が「おあいそ」と言って勘定の精算を頼む。しかし、本来は料理屋の方から客に対して使った言葉で、「お愛想がなくて申しわけありません」とか「愛想づかしのようですが」などと言いながら、勘定書きを客に示すことから、料理屋が勘定書のことを、しゃれて「あいそつかし」と言い、それが略されて、「おあいそ」となったものだそうだ。

「二枚目」の語源は歌舞伎から

最近ではあまり聞かれないが、かっこいい人・美男子を「二枚目」と表現する。一方、格好良くはないが面白い人は「三枚目」と呼んだりする。この二枚目、三枚目という言葉はどこからきているのだろう?

「二枚目」のルーツは、実は日本の伝統芸能である歌舞伎。歌舞伎の一座を記すのに、一番目に主役、二番目に美男役、三番目に道化役の名前を書いていたことが、「二枚目」の由来だ。

投手と捕手を「バッテリー」というわけ

バッテリーという語は蓄電池をさす言葉として明治時代に日本に入ってきた。

投手と捕手の組み合わせをバッテリーというのは、電信で送信者と受信者がバッテリー（電池）でつながっているところから言うようになった。

野球発祥の地アメリカでは、もとは投手のみに用いられたそうだが、１８６６年の記事には「チームのバッテリーすなわち投手と捕手」とあり、両者を指すようになったのはこの頃からのようだ。

太平洋と大西洋の「たい」の違い

ポルトガル生まれの探検家マゼランは、スペイン王カルロス一世に世界周航を献策し、西航して1520年南米の南端の海峡（マゼラン海峡と命名）を通ったが、悪天候に悩まされ、やっと大海に出たところ、海峡とは大違いで、のどかな、穏やかな海だったので、el Mar Pacifico と名づけた。mar は海、pacifico は平穏なの意で、現在はEl Oceano Pacifico という。英語ではthe Pacific Oceanといい、これが日本語になって太平な大海―太平洋となった。

　一方、大西洋はただ西の大洋というだけのこと。英語でthe Atlantic Oceanというが、これはギリシャ神話の天空を双肩にになう巨人アトラスの海、またアトラス山脈（アフリカ北西部に連なる山脈）のかなたに横たわる海の意。

「あほう」と「ばか」は親子関係

「ばか」という語はサンスクリット語で「無知」の意のmohaが中国語の「慕何」を経て、日本語の「ボカ」「バカ」になったという説がある。「馬鹿」はあて字。

　なお、昔秦の丞相《じょうしょう》の趙高《ちょうこう》が、2世皇帝に「鹿」を献じてこれをわざと「馬」と言った。趙高の権勢を恐れた人々はみな趙高の言にしたがったという故事があるが、鹿を馬と言われてその区別のつかなかった2世皇帝の愚かさから「馬鹿」という言葉が生まれたという説もある。

関東で「ばか」というのを、関西では「あほう」という。「ばかづら」は「あほうづら」、「ばかの一つ覚え」は「あほうの一つ覚え」、多少表現は違うが、「ばか正直」は「あほう律儀」といい、「ばか」も「あほう」も愚かさを意味する点は同じだ。しかし東京の人は、「ばか」と言われた時より、「あほう」と言われた時のほうが、こたえるが、関西の人はこの逆のようだ。

次に「あほう」の語源について述べよう。

秦の始皇帝は咸陽《かんよう》付近の阿房という土地に宮殿を造ったが、築造に従事した囚徒が約70万人というほどの大きな宮殿で、土地の人は阿房にあるので「阿房宮」と言った。項羽が2世皇帝を滅して、これに火を放ったが、3ヵ月も消えなかったという。

始皇帝が阿房宮を造って国を亡したことから、愚かさを「阿房―阿呆」と言うようになったとの説がある。

阿房宮を造った始皇帝

「BOOK」は都市ビブロスに由来する

フェニキア人は前13世紀末頃、レバノンの地中海沿岸にビブロス、シドン、ティルスなどの都市国家を建設して、ビブロスの港からレバノン山脈からとれる杉材とエジプトのパピルス（紙の原料）をギリシャや他の地中海沿岸の諸都市に輸出していた。

ギリシャではビブロスから輸入したパピルスをビブロスと呼び、これから聖書（bible）や本（book）の名称が生まれたと言われている。では、紙の上に書くアルファベットはどこで生まれたのだろうか。

フェニキア人は通商上簡便な表音文字を使っていたと言われている。古代ギリシャの歴史家ヘロドトスによると、ギリシャ人はアルファベットをフェニキアから借り入れたといっている。

しかしシナイ半島のセム人は前１５００年頃から、すでに表音文字を使っていた。ギリシャ字母のアルファ（alpha）、ベータ（beta）、ガンマ（gamma）、デルタ（delta）などは、ギリシャ語としては無意味だが、セム語派に属するヘブライ語のalephは牛、bethは家、gimelはラクダ、dalethは戸を意味するところから、ギリシャ字母はセム語に由来すると考えられる。

さらにさかのぼって、セム字母の起源はというと、１９０６年にシナイ半島で発見された刻文の判読から、エジプトの象形文字との関係が明らかになった。一例をあげれば、「牛」のセム名alephは「牛」を表すエジプトの象形文字にさかのぼることができる。

このようにしてできたアルファベットは大体1字1音で、少数の文字で比較的正確に言語を写すことができた。セム字母はこの長所のゆえに四方に伝播した。

ギリシャに伝わり、ギリシャ字母ができ、それが植民地に広まった。イタリアでは南部沿岸のギリシャ植民地マグナ・グレキアに伝わり、ラテン民族やエトルリア人に採用され、キリスト紀元頃にはローヌ川をさかのぼってガリアに入り、さらに北欧に伝わった。5世紀頃には聖パトリックによってガリアからアイルランドに伝えられたらしい。

一方ギリシャ字母は別の方向に進みスラブのアルファベットを生み、今日のロシア字母のもとになった。キリスト紀元頃からギリシャ字母は布教に伴って全欧に広まった。

中でもラテン民族の作り上げたラテン・アルファベット（いわゆるローマ字）は、今日の西欧諸国の字母のもとになっている。日本のローマ字もこの流れをくむものである。

企業名になった神様

「Mazda」の文字を見ると、私たちの頭の中には、マツダの自動車が思い浮かぶ。

実は「Mazda」という言葉は、ゾロアスター教の最高神アフラ・マズダー（Ahura Mazda）のことで、アフラは神、マズダーは光明の意味だ。

ゾロアスター教は古代ペルシャ（現在のイ

ゾロアスター教の最高神アフラ・マズダー ©Ginolerhino

ラン）の宗教で、紀元前6世紀頃、ゾロアスターが始めたものだ。光明神の象徴として火を拝むので別名「拝火教」ともいう。地下に石油のある土地柄で、吹き出たガスに火がついて燃え続けているところにほこらを建てて拝む人もいるくらいだから、ゾロアスターは、この火から宗教を創始したものと思われる。

かつてアメリカで白熱電球が発明され、これが日本に入って、東京芝浦電気（現在の東芝）が売り出したとき、それまで使われていた炭素球に比べてはるかに明るく輝いたので、「マツダランプ」の商標をつけた。

また自動車メーカーの東洋工業は、創業者の名前の松田と光明の神（アフラ・マズダー）のマズダーを考え合わせて新社名を「ＭＡＺＤＡ」としたものと思われる。

グレイハウンドは灰色の犬ではない

グレイハウンドはやせ型・長脚で、走るのが速いので、ドッグ・レースに使われているが、視力もすぐれているので、猟犬としても飼われている。

また、この犬の姿をシンボルマークとして使っているアメリカの長距離バス「グレイハウンド」でも有名だ。

さて、この名前

グレイハウンド ©Neurodoc~commonswiki

の前半の「グレイ（grey）」は「灰色（grey・gray）」のグレイと思われがちだが、灰色とは関係はないようだ。

「grey」は古代スカンジナビア語の「雌犬」を意味する語が、古代英語の方言の1つ、アングル語の「greg」を経て今日に至ったもので、「ハウンド（hound）」が犬の意だから、「雌犬の犬」が原義のようだ。

チェスの起源

「頭脳スポーツ」ともいわれるチェス。西洋の将棋というイメージがあるため、ヨーロッパが起源と考える人も多いのではないだろうか。

だが、チェスの起源は古代インドの遊戯であったチャトランガにある。チャトランガとはサンスクリット語で「4つの部分」という意味で、4つとは象・馬・戦車・歩兵の戦力を指すそうだ。

インドからどのようにヨーロッパに伝わったかは、これまでに多くの研究者が議論を交わしてきた。

6世紀頃にインド王からササン朝ペルシアのホスロー1世に伝えられ、その後8世紀頃から戦争や貿易といった交流の中でロシアをはじめとしたヨーロッパ

チェスの起源と言われるチャトランガ ©Yanajin33

に伝わったという見解が、最近では一般的なようである。

銀行とは本来ベンチだった

お金の貸し借りは遠い昔から行なわれ、今日の銀行に相当するものが、古代ギリシャや古代ローマにもあったそうだ。

しかし中世になると、キリスト教が広まって、利息をとってお金を貸すことは不道徳と考えられるようになったので、表向き、金貸業はできなくなった。

しかし利息を払っても、お金を借りたい人はいつの世にもいるものだ。そこで中世のイタリアでは、金貸しは市場や通りにベンチや机を出して、両替や各国貨幣の交換、コインの鑑定、金貸しなどを行なった。この業務を行なうベンチや机を、イタリア語で「バンコ（banco）」といった。これが銀行の意のヨーロッパ諸国語の語源になっている。

03 身の回りの知的雑学

百円玉のギザギザ

百円硬貨のふちには、ギザギザが彫られているし、他の国でも硬貨のふちに、何か文字などが彫られていたり、ぎざぎざが付いていたりすることが多い。フランスの10フラン硬貨にもギザギザがあり、昔の10フラン硬貨には、フランス共和国の標語「自由・平等・友愛」が刻まれていた。

フランス革命前の時代には、硬貨は金（ゴールド）で作られていたので、抜け目のない人は硬貨のへりを削って金粉をとり、そのあとでその硬貨を流通させていた。このような人を「削り屋」と呼んでいた。これを抑えるために、硬貨のへりに標語を彫るようになり、これが今日まで続いている。

刻みのある 100 円硬化の縁

アメリカでも金貨のふちに刻みを付ける前は、よくふちを削りとられたので、商人は硬貨の目方を量ってからでないと受け取らなかったと言われている。

大工の金づちの丸み

大工の使う金づちは一方は平らで、反対側がやや丸く凸面になっているのはなぜか。

最初、平たい方で釘を打ち、あと2、3回で打ち終わるとき、凸面で打つと、木材に金づちのあとがつかず、きれいに打つことができる。平たい面の方が打ち易いが、最後までこの面で打つと、金づちのあとが木材について、きれいに仕上らないので、平面と凸面とを使い分けるのが正しい金づちの使い方だ。

友好の握手をするわけ

昔たいていの男は武器を身につけていた。そして右手でそれを扱った。相手に親しさを示そうとする時、武器を持っていないことを相手に示すため、からの右手をさし出した。双方が突然武器に手をかけることがないように、互いに堅くにぎり合い、互いの友情を確かめ合った。

しかし実際は、握手によって、袖の中に武器を隠し持つことのないようにするためだったのかもしれない。

左側通行と右側通行の違い

日本ではもともと歩くときは左側通行と定められていて、厳しくしつけられたものだ。これは左の腰に刀を差していた頃、身を守るためによかったからであろう。しかし1949年101月から、歩行者は右側（車は左側）通行を原則とするように改められた。

ところで、車の場合、イギリスは左側通行で、アメリカは右側通行になっている。この違いは、昔、馬に引かせた車の構造の違いから生まれたものだ。

アメリカでは西部開拓時代に用いられた大型幌馬車コネストガ・ワゴンには御者の席はついていなかった。御者はワゴンの左側を歩くか、ワゴンを引く馬の最後尾の左側の馬に乗った。このようにして右手にむちを持ち、右側と前の馬をむち打つことになる。したがって道路の右側を通れば、前から来る車とすれちがう際、互いに左側の車輪に注意をはらうことができる。アメリカでは1792年、ペンシルバニアでワゴンは互いに右側を通るようにとの法律が定められたそうだ。

荷馬車のないアメリカの幌馬車コネストガ・ワゴン ©Lar

ところが、アメリカと違って、イギリスの大型ワゴンは、前に御者の席があった。これに座って何頭かの馬を御したのだが、ブレーキが右側についていたので、御者は席の右側に座ることになる。したがって先方から来るワゴンとすれちがう際、左側に寄れば互いに自分のワゴンの右側の車輪に注意が向けられるというわけだ。
このようにして馬のない車（自動車）の時代になった今日でも、昔からの習慣に従って、アメリカは右側通行、イギリスは左側通行になっている。
日本では、馬が引く荷車も乗合馬車なども、すべて左側を通ったので、自動車もこれに従っているのだろう。

写真で目が赤く写ることがあるわけ

ストロボ装置のついている小型カメラで、人物をストロボ撮影すると、うさぎの目のように、目が赤く写ることがある。これを赤目現象と言っている。

これは目の奥の網膜組織の赤い血管の反射光が写るからだ。暗い所や夜間に写すと、瞳孔が開いているので、赤目になりやすい。小型カメラではレンズとストロボ装置とが、数センチの間をおいて設置されているので、レンズの光軸とストロボ光線とが平行するからで、別のストロボでカメラから離して発光させればよいわけだが、それもわずらわしい。

近頃のカメラは赤目になりやすい状況になると、シャッターが切れる前に赤目緩和ランプが被写体を照らしてこの現象を緩和するようになっている。

ピースサインはチャーチルが広めた

写真を撮るときに多くの人がするピースサイン。ピースサインを広めた人物、それはイギリスのかつての首相チャーチルである。

ウィンストン・チャーチルは、１９４０年から1945年と、1951年から1955年の二度にわたりイギリスの首相についた人物である。

最初の任期は、第二次世界大戦とちょうどぶつかる時期。戦時中チャーチルは、国のトップとして手腕を発揮し、イギリスを勝利へと導いた。

この時にチャーチルが空襲で被害を受けた国民へ、勝利への意欲と激励を示すために見せたのが、指を2本出したVサインだった。これがVサインの元祖と言われている。

彼が指で形作った「V」の字は、「Victory（勝利）」のVだったのだ。

しかし、戦争に勝つという意志の表れだった「Vサイン」が、平和を意味する「ピース（サイン）」と呼ばれるようになったのは、なぜなのだろうか。

これには、諸説ある。

1つは、長崎と広島、2発の原爆が落とされて戦争が終わりに（つまり平和に）近づいたことを意味しているので「ピースサイン」と呼ぶようになったという説。この説では、立てた2本の指は長崎と広島を表しているという見方をされる。

二度、首相になったチャーチル

さらに、ベトナム戦争の際、「戦争に行きたくない」とアメリカ人ヒッピーたちが「victory」のVサインを皮肉って使い、平和を訴えたという説などがある。

いずれにせよ、戦争という忌まわしい歴史

が、Ｖサイン・ピースサインを生み出したのだ。

写真でピースサインを出すようになった起源は明らかではないが、テレビの真似事などによる自然発生的なものと見られる。

不規則なキーボードのアルファベット配列

パソコン用キーボードのアルファベット配列が、ａｂｃ順になっていないで、妙な配列になっているのはなぜか。

左上から右へＱＷＥＲＴＹ……のようになっている。これは英文タイプライターの配列と同じで、英文タイプに慣れた人には好都合だ。では英文タイプのキーの配列が、ａｂｃ順になっていないのにはどんな理由があるのか。

アメリカの新聞編集者クリストファ・ショールズが１８６８年に英文タイプライターを発明したとき、最初左から右へ、上から下へとａｂｃ順にキーを並べたが、問題が起こったのである。続けて使う文字のキーが並んでいると、タイピストがこれを続けて速く打つと、活字のついた２本のスポークがからみあって、打てなくなることがあった。

それでショールズは続けてよく使う文字のキーは離すように改良して問題を解決し、１８７４年レミントン社から大量生産し

アルファベット配列を作った
クリストファ・ショールズ

て売り出した。それ以来英文タイプライターのキーの配列は左から右へＱＷＥＲＴＹ……となっている。

　やがて電動式ができ、さらにキーボードをコンピューターに接続したものが、１９７０年代に登場した。キーボードがタイプライターを離れて、パソコンに取り入れられたというわけである。

女性の衣服の左前ボタン

　右ききの人は右側についているボタンを左側の穴に入れる方が容易だ。そして右ききの人の方が左ききよりはるかに多い。しかし女性の場合はどうか。やはり右ききが多いにきまっている。

　ではどうして女性用は逆になっているのか。実はボタンが使われるようになった時、大へん高価で、初めは裕福な人しか使えなかった。上流階級の婦人は自分で衣服を身につけることはしなかった。たいていメイドが着せたものだ。それでボタンがはめやすいように、メイドから見て右側、すなわちご婦人の左側にボタンをつけるように、ドレス・メイカーが考えたというわけだ。

ズボンのすその折り返し

　昔の紳士服のズボンはすそが折り返されていた。それにごみやほこりがたまって、時々掃除をしなければならなかった。このように不合理な型も１９７０年頃から次第に姿を消したが、当時は服を作ると、ズボンのすそを折り返しますか、それとも折らないでおきますか、と洋服屋に聞かれたものだ。

さてズボンのすそを折る習慣は、アメリカの都市がまだ舗装されていなかった頃にさかのぼる。

１８８０年代の終り頃、イギリスのある貴族がニューヨークの上流階級の婚礼に招かれた。たまたま雨降りの後で、教会に着いた時、まだ通路には水たまりが多かった。紳士はズボンのすそがよごれないように、すそを折り返してから車を降りた。教会に入ってから、下ろすのを忘れていたので、参列のアメリカ人の客は、イギリスの紳士がズボンのすそを折り返しているのを見て、これがイギリスの最新のスタイルだと考えた。やがてアメリカの仕立屋はすそを折り返したズボンの注文を受けるようになった。

「チャック」「ファスナー」「ジッパー」の違い

ファスナーは「しっかり締めるもの」の意の英語で、ジッパーやチャックのことをスライド・ファスナー、略してファスナーという。

ところで、ジッパー（zipper）は商標で、zip（ピューと音を立てて動く）からきている。これは19世紀、アメリカで考案されたもの。またチャックも商標で、１９２８年、日本開閉器商会が売り出したものだ。巾着（口に締めひものついた小袋）のようによく締まるからつけられた名称で、外来語ではない。結局この3つの名称は同じ物をさしている。

「ハイヒール」は汚物除けの靴だった

古代ローマは、上下水道を完備した清潔な街だったと言われているが、中世ヨーロッパの都市にその伝統が伝えられることはなかった。

18世紀までのヨーロッパの都市は、城壁に囲まれた狭い範囲に3階から5階建ての集合住宅が軒をつらねて建つ密集都市だった。

どの建物にもトイレはなく、あったとしても1階部分にしか存在しなかったので、2階より上層に暮らす住民は、部屋の中でおまるを使っていた。そして、おまるが屎尿でいっぱいになると、窓から通りに向かって捨てていたのだ。

本来は捨てる場所が決められていたのだが、だれも守る者はいなかった。

窓から汚物やゴミを捨てるときは声を掛けることが暗黙のルールで、スコットランドのエディンバラでは「ガーディ・ロー（捨てるよー）」と叫んで捨てたようだ。

上層階の窓から、ゴミはもちろん、おまるの汚物もそのまま捨てたのだから、下を通る人はたまったものではない。そのため、汚物が身体にかかるのを防止す

汚物除けとして活用されたハイヒール

るための帽子やマントの着用が必須だった。

朝一番に清掃人が通りを清掃したようだが、清掃した後すぐにまた捨てられるので、通りの中央にある溝にはゴミや汚物がたまり、悪臭を放って不衛生極まりなかった。

美しいドレスを着た女性も日傘をさし、裾を汚さぬように上げ底靴、つまりハイヒールをはいて歩いたという。今では女性の脚を美しく見せるためのハイヒールも、本来はドレスの裾を汚物で汚さないために生まれたのだ。

ネグリジェは怠け者の着物

英語の「negligee（ネグリジェ）」はフランス語の「négliger（怠ける）」に由来する。

18世紀に英語に入った頃は婦人の普段着全般を言ったようだが、アメリカでは、柔らかい布地でゆったり作り、レースやリボン、フリルなどで美しく飾ったものをさし、化粧着・部屋着として愛用されるようになった。

時計の針はなぜ右回り？

地球の自転を利用して、時刻を知る日時計や恒星時計は紀元前数千年の昔から用いられていたが、現存する最古の日時計は、紀元前1500年頃のエジプトのものである。

エジプトのように北半球の地域では、立てた棒の影は右回りになるが、南半球では逆になる。

その後機械時計がヨーロッパの各地で発明されたが、いずれも北半球であったので、文字盤の配列をエジプトの日時計にならって右回りとしたとのことである。

ベルギーのビュートゲンバッハに設置された誤差±30秒の精密日時計 ©Sonneninfo

冷蔵庫のルーツ

冷蔵庫は電気を使って庫内に入れた食材を冷やす道具だが、電気がない時代でも、これに代わるものがあった。「氷室《ひむろ》」と言われる、天然の冷蔵庫である。『日本書紀』にも記述があり、かなり昔から存在していることが分かる。

氷室とは、冬のうちにできた氷や雪を貯蔵するもの。洞窟や地面に掘った穴に、保温性のある藁やおがくずを敷き詰めて、そこに氷や雪をしまっておく。貯め込んだ天然氷が、氷室でまるまる保存できるわけではないが、夏場でもかなりの量を残しておくことができる。しかし手間がかかるため、夏場に氷を食べることは身分の高い者のみが味わえる贅沢であった。

電気を使った冷蔵庫の開発は、欧米で19世紀から行われていたが、日本で初めて国産冷蔵庫が登場したのは1930年（昭和5年）。東芝が開発し、3年後に発売された。だが当時の冷蔵庫は家一軒が建つほどに高価で、一般家庭がこぞって購入できるものではなかった。

そんな電気冷蔵庫が買えない庶民の味方と言

えば木製冷蔵庫。冷蔵庫が木でできているのだ。

木製冷蔵庫の内部にはブリキなどが貼られていて、上下2段になっている庫内の上には、大きな氷を入れる。その冷気で、下段に入れた野菜などを冷やすのだ。氷は氷屋がリヤカーで引っ張って、各家庭へ配達していた。

電気冷蔵庫が普及し始めるのは、昭和30年代に入ってから。高度経済成長期には、モノクロテレビ・洗濯機と並んで「三種の神器」と言われるようになった。

イランの伝統的な氷室 ©Ggia

ちなみに三種の神器の中で、一番普及の遅かったのが冷蔵庫である。当時は今のようにスーパーで数日分の食材を買い貯めることもなく、その日必要なものを必要な分だけ買うという生活をしていたから、電気冷蔵庫の必要性があまりなかったのかもしれない。冷凍食品が普及し始めた１９７０年代に入り、ようやく日常品の仲間入りを果たしたというわけだ。

コンタクトレンズの発明

コンタクトレンズの原理を発見したのは、レオナルド・ダ・ヴィンチだと言われている。１５０８年、ダ・ヴィンチは水を張ったガラスボウルに顔をつけ、ボウルの外がどう見えるかを実験した。実際にやってみると分かるが、普通に物を見るのとは違った風に景色が見える。

　彼の実験は、視力をフォローする器具を開発するためではなかったと見られているが、この発見が後に、コンタクトレンズ誕生のキッカケとなったとみられている。

　それから約４００年後の１８８７年、スイスの眼科医オーゲン・フィックがガラスでできたコンタクトレンズを開発した。この時、ウサギの目で型を作り、試着もウサギの目を使って行われたそうだ。

　ウサギでの試着がうまくいき、実際に人間の目でも試着が行われたが、装着できたのは２時間程度が限界だったと見られている。ガラスでは確かに痛いだろう。１９４０年にはプラスティック製のコンタクトレンズが開発される。

　日本で初めてコンタクトレンズが作られたのは１９５０年。その後、開発を重ね、さまざまなタイプのコンタクトが作られるようになり、現在に至っている。こうして見ると、日本でのコンタクトレンズの歴史は意外に新しいものだったのだ。

飛行機を発想した　ダ・ヴィンチ

「物が空を飛ぶ」という発想の原点は、ダ・ヴィンチのスケッチに見ることができる。

　彼は、鳥がはばたく様子を丹念に観察し、同じように空を飛べる機械を作ろうとした。いずれも空想の域は出なかったものの、ヘリコプターやグライダー、さらにはパラシュートのようなものも描かれていて、これらは飛行装置の原点と言うことができる。これが、15世紀末から16世紀の話だ。

その後登場する、興味深い人物がいる。初めて空を飛んだと言われる人物・浮田幸吉《うきたこうきち》だ。

1757年、備前の国（現在の岡山県）生まれの浮田は幼い頃に父親を亡くし、傘屋に奉公へ出された。傘を作りながら日々を過ごしていた浮田は、ダ・ヴィンチ同様、鳥を見て自分も空を飛べないかと考える。

そして研究の結果、傘を作る技術を利用して大きな飛行装置を作り出した。この飛行装置は現在のグライダーのようなもので、浮田は1785年、橋の欄干から飛行実験を行う。これが成功したのか否かは定かではないが、現場は「何か飛んできた！」と騒然となり、浮田はお騒がせ人として捕まってしまったそうだ。もしこれが成功していたのなら、日本人初どころか、世界初の滑空飛行である。

浮田が飛んだとされる年から約60年後の1853年、イギリスのジョージ・ケイレーが、単葉グライダーを製作した。

単葉グライダーは、「風に浮く翼」と「前へ進む動力」が飛行に必要と考えたケイレーが、

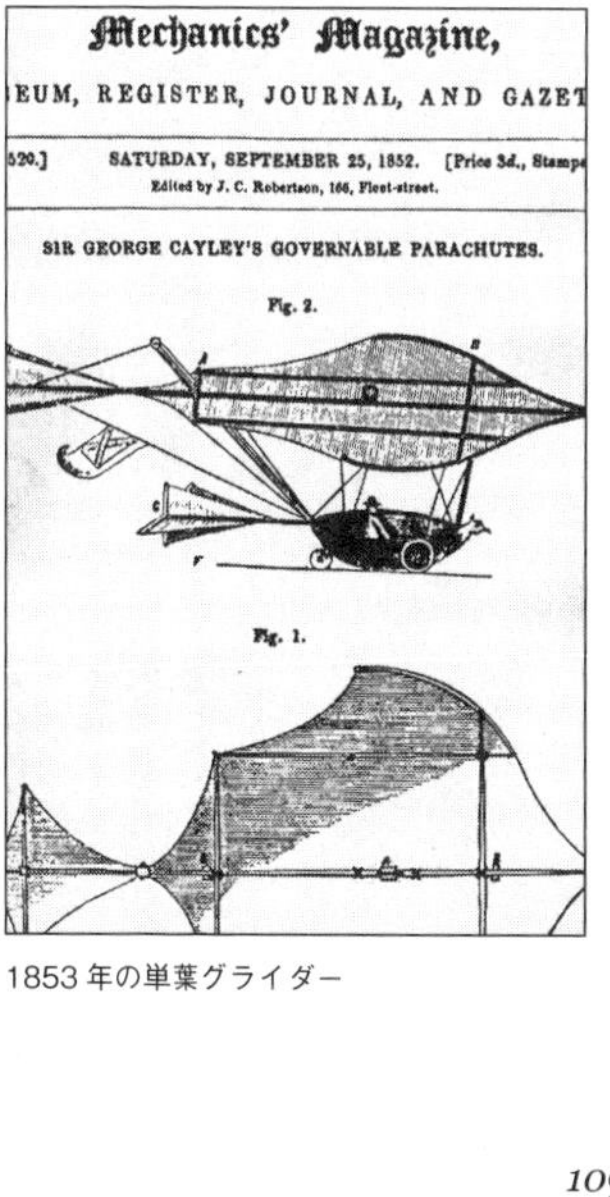

1853 年の単葉グライダー

航空学に基づいて製作した本格的なものであった。このグライダーは100メートルほどの飛行に成功している。

このグライダーでの飛行をさらに進化させようとしたのが、ドイツ人のオットー・リリエンタール。飛行機分野の先駆者と称されるリリエンタールは、何千回もの飛行実験を行ったが、皮肉にも実験中に墜落、その時負った怪我で若い命を落としてしまう。

しかし彼の熱意は、しっかりと受け継がれることになる。受け継いだ人物こそが、ライト兄弟だ。

ライト兄弟、兄のウィルバー・ライトと弟のオービル・ライトは、リリエンタールが飛行実験で命を落としたことをきっかけに、飛行の研究を始める。そして1903年、「ライトフライヤー号」が、世界初の動力による有人飛行に成功した。ガソリンエンジンを動力としたライトフライヤー号を弟のオービルが操縦、12秒間の飛行で約37メートルを飛んだ。

この歴史的瞬間の後、飛行機はさまざまな改良を続けた。1909年にはフランスで作られた「ブレリオ

ノースカロライナ州キルデビルヒルズの砂丘における初飛行（1903年12月17日）。操縦者はオーヴィル。横にいるのはウィルバー。

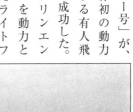

XI」が初めてドーバー海峡を横断した。

翌年の１９１０年には徳川好敏《とくがわよしとし》と日野熊蔵の２人が、日本人として初めて動力による有人飛行を成功させた。

第一次大戦では飛行機が、偵察機として、また戦闘機として使われている。大戦後の１９２７年、チャールズ・リンドバーグの操縦した飛行機が世界で初めて、単独での大西洋横断飛行に成功した話は有名である。

ジェット旅客機が登場したのは１９５２年、イギリスの航空メーカーが製造した「ＤＨ１０６ コメット」。同じ年には全日空（全日本空輸株式会社）が設立されている。

ＤＨ１０６ コメットの試作初号機

ダ・ヴィンチのスケッチから約５００年。私たちは手軽に空の旅を楽しめるようになったが、これまでの歴史を長いと見るか短いと見るか、それは人によるだろう。

使いすてカイロが熱くなるわけ

昔のカイロは、小さなウィンナーソーセージぐらいのカイロ灰に火をつけ、ブリキ製の容器に入れて、やけどをしないように、布でくるんで使ったものだ。その後ベンジンを使った小型のものもできたが、いつのまにか姿を消して、近頃では、火を使わない便利なものができた。

薄くてからだにつけていても目立たず、軽いので、スポーツ、レジャーには都合がよく、しかも丸一日使えて、用がすんだら燃えないゴミとして捨てられる。野山なら内容物を捨てるだけなので害にはならない。

構造は空気を通す不織布の袋の中に、発熱材を入れたもので、その材料には鉄、水、バーミキュライト、活性炭、塩が使ってある。使うときには、密封してある外袋を破って、内袋をとり出し、軽く数回振ってから、肌着の上にあてて使う。数分すると暖かくなってくる。

発熱は鉄粉の酸化によるもので、酸化熱が一度にたくさん出るように、鉄粉の表面積を大きくし、酸化を速めるため、触媒には食塩と水が使われている。水は蛭石を高温で焼いて作った多孔質のバーミキュライトに含ませ、鉄粉がべとつかないようにしてある。活性炭は空気中の酸素を吸収して、袋の中の酸素の濃度を高める役目をしている。密封してある外袋の封を切ると、内袋の鉄粉が空気に触れて、酸化が始まるのだが、最初にもんだり、振ったりして酸化を促進させるというわけだ。

カイロに使用されているバーミキュライト
©KENPEI

外気温が酸化に影響するので、肌着を着たときの表面温度を30度くらいと仮定し、30度前後の温度で、酸化が安定して進むようになっている。ふとんの中は暖かく、カイロも温度が上がりすぎるといけないので、睡眠中は使用しないようにとの注意書きがある。

初めてパスポートを持った日本人

海外旅行へ行くのに必要不可欠なものと言えば、航空券やお金、そして何よりパスポートである。

パスポートは日本語では「旅券」と言われるが、このシステムが始まったのは、江戸時代のこと。案外古くから存在しているのだ。

1866年に「海外渡航差許布告」が発令された。これは、商人や留学生などが海外へ行くことを認めますよという決まりごとだ。

しかし行商や留学目的なら、誰でも自由に船を漕いで海外へ行っていいというわけではなく、きちんと奉行所へ申請して、許可を得なければならなかった。その許可を得た者に発行されたのが、「海外行御印章」、現在で言うパスポートだ。これをもらって、晴れて海外へ出発できるというわけだ。

そして、この「海外行御印章」を初めて発行されたのが、隅田川浪五郎《すみだがわなみごろう》という人物。一体何者かと言うと、芸人だった。

彼は「帝国日本芸人一座」というサーカス団の一員で、興業でアメリカへ渡るため、「海外行御印章」を取得したのだ。

その後、1878年（明治11年）に「海外旅券規則」が制定され、「海外行御印章」から「旅券」という言葉が使われるようになった。
ちなみに「海外旅券規則」が制定された2月20日は、「旅券の日」となっている。

ル・モンド誌に掲載された日本帝国一座の軽業

キャスターとアナウンサーの違い

キャスターとアナウンサーは、どちらもテレビ局の花形職だが、この2つはどう違うのだろうか？

まずキャスターとは、ニュース報道を専門にしている人のこと。ただ原稿を読むだけではなく、自分の言葉や解釈を交えながら、その内容を視聴者に分かりやすく伝えている。

一方アナウンサーは、ニュースを読む以外にも外へ中継に出たり、バラエティ番組やスポーツ番組の司会をしたりといった、より幅広い仕事をする人のことを指す。

最近ではCDを出したりドラマへ出演したりといった、芸能人のような活動をするアナウンサーも多いことから、その仕事の幅広さがうかがえる。

タクシーとハイヤーの違い

タクシーというと私たちが日頃お世話になる車、ハイヤーというとどことなく高級感がある。

タクシーは街中を流してお客を取る車のこと。

つまり、範囲内であればどこでも営業可能なのがタクシーというわけだ。

一方ハイヤーは、常に営業所や車庫などで待機していて、客の要請に応じてかけつけるもの。タクシーの一種ではあるが、流しをしないのがハイヤーなのだ。ハイヤーは基本的に時間制で料金が決まる。

民宿と旅館の違い

民宿と旅館。どちらも和の雰囲気漂う宿といったイメージだが、厳密な違いはあるのだろうか。

民宿は文字通り、一般の民家が経営している宿のこと。副業として営んでいる場合がほとんどだ。

一方旅館は、宿泊業を専門に行っている宿。「旅館業法」の定義によると、客室が5室以上、和式の客室の床面積が7平方メートル以上。温泉があったり、専門の料理人や従業員がいるといった、ホテルのようなサービスを行っている所が多い。

ＮＰＯとＮＧＯの違い

最近よく耳にするＮＰＯとＮＧＯ。どちらもボランティア団体のようなイメージを受けるが、違いは何だろう。

ＮＰＯはnonprofit organizationの略で、日本語にすると「非営利組織」。ボランティア団体や市民団体といった、民間の非営利組織を指す言葉だ。厳密に規定があるわけではなく、非営利で政府や企業とは独立した形で活動する団体のことを言う。

それに対してＮＧＯは、nongovernmental organizationの略で「非政府組織」のこと。政府の力を借りずに国際規模で奉仕活動を行う団体のこと。発展途上国への援助や、災害時の人命救助作業などを行っている。

関東地方と首都圏の違い

関東地方と首都圏、どちらも東京周辺を指しているが、厳密な違いがある。

関東地方は、茨城・栃木・群馬・埼玉・千葉・東京・神奈川の１都６県。

一方、首都圏は、関東地方に山梨県を足した１都７県。

これは首都圏整備法で定められていて、東京駅を中心に半径１５０キロ以内の地域を指している。

違いは「山梨県が入るかどうか」で覚えよう。

震度とマグニチュードの違い

地震情報に登場する震度とマグニチュード。大体セットで報道されるが、何が違うのだろう？

震度とは、地震による土地ごとの揺れの大きさのこと。現在は10段階で表示される。

一方、マグニチュードは地震そのものの大きさ、つまり地震が発するエネルギーの大きさを示すもの。

ニュースでは「地震の規模を示すマグニチュードは……」と表現されることも多いので想像しやすい。

樹海で迷子になる本当のわけ

富士山麓の青木が原樹海は東西8キロ、総面積30平方キロの濃緑の樹海で、中に深く入ると、道を失い出られなくなる。そのためか、樹海にはあちらこちらに白骨が散らばっているという。中には自殺者のものもあるだろう。

ちなみに、溶岩地帯のため磁石が役に立たないという説があるが、実際には磁力が強い場所でちょっと狂うくらいで全く役に立たないということはない。

青木が原ではなくても、太陽光がどちらから射しているかわからないような密林に磁石も持たずに入ると、出られなくなる。

来た道をもどれば出られそうなものだが、道もない密林だと、まっすぐ歩いているつもりでも、いつの間にか曲って、結局巡り巡って元の所に出てしまうこともある。

これは右ききの人だと、左足左腕より右足右腕の方に幾分力が入り、少しずつ左に曲がっていくからだ。

競走のトラックやスケートリンクを左回りに走るのも、その方が大多数の右ききの人には回りやすいし記録もいいからだ。同じように、密林の中では自然と左回りに大きな円を描いて歩くことになり、外に出られなくなるというわけだ。

青木ヶ原の原生林© トトト

日本桜はヒマラヤから来た

日本桜のルーツはヒマラヤだと言われている。ネパールのカトマンズ盆地周辺の海抜1300〜2000メートルくらいの温帯性気候の山間地には、10月末から咲きだし、1ヵ月も咲き続ける秋咲きの桜がある。

また春咲きの種類もあり、中国、朝鮮にも日本の「山桜」に似たものがあるそうだから、桜はヒマラヤから中国、朝鮮を経て日本に伝わったものだろうと言われている。

開花地域を線でつなぐ「桜前線」の指標に

なっている「染井吉野《ソメイヨシノ》」は全国津々浦々にあり、「桜」の代名詞のようになっている。

　これは「大島桜」と「江戸彼岸」との交雑からできた桜で、徳川末期、江戸、染井村（現在の巣鴨）の植木屋によって「吉野桜」の名で売り出され、のち「染井吉野」と改められ今日に至っている。

昔は桜より梅を見ていた

日本最古の歌集『万葉集』には、
『絶等寸《たゆらき》の山の峯《を》の上の桜花《さくらばな》咲かむ春べは君し思《しの》はむ』播磨娘子
『あしひきの山桜花ひと目だに君とし見てば吾《あれ》恋ひめやも』大伴家持
など、多くの歌で桜が詠まれている。
　しかし、当時は花の観賞と言えば桜より梅の方が一般的だった。『万葉集』でも桜より梅のほうが多く詠まれている。
　鑑賞の目が梅から桜へと変化していったのは、平安時代になってからのこと。それまで、山に咲いている桜を遠巻きに眺めているだけだったのを、手近なところで楽しむようになった。宮中へ桜を移植して、そこで花を愛でながら宴会を催したと言う。まさにお花見の形である。これを最初に始めたのは、嵯峨《さが》天皇であると言われている。しかしわざわざ木を庭に植え替えるようなことは、当然庶民ができることではなく、花見も最初は貴族だけの贅沢な楽しみだった。
　歴史に残る大規模なお花見として知られるのが、豊臣秀吉が開催した「醍醐の花見」である。

秀吉は、１５９８年に京都の醍醐寺という寺で、１０００人以上もの人を集めて盛大な花見を催した。これにより、庶民も花を愛でる楽しさを知り、江戸時代に入ると、庶民の間で積極的に花見が開かれるようになる。

8代将軍・徳川吉宗が隅田川のほとりや飛鳥山へ桜を移植し、花見を奨励したのも、春の風物詩として広がるきっかけとなったようだ。

醍醐寺の清瀧宮本殿と桜 ©Reggaeman

その後、現在に至るまでにさまざまな場所に桜が植えられ、花見は全国的に広まったのだ。

郵便番号はどこから始まる

郵便番号が7桁になって久しい。この郵便番号、東京都23区内は1から始まり、北海道は0から。かと思えば、すぐ下の東北地方は9から始まるところもある。

実は、郵便番号は皇居を基準に番号が割り振られている。

郵便番号が定められたのは１９６８年のこと。当時郵便は鉄道で運ばれていて、全国へ走る鉄道の中心地となる場所が番号の起点となった。その起点こそが皇居のある東京都千代田区千代田。ここを「１００-０００１」と定め、より搬送頻度の高い所から順番に番号が振られていったのだ。

まずは東京都内に1、そして神奈川県、千葉県、埼玉県……と関東地方に2番台、3番台が割り振られ、その後東海地方、関西と西へ進み、四国、九州へ渡った後、沖縄に9を割り当てて、9の残りを東北へ、そして北海道が10、2桁は使えないので「0」になったというわけだ。

「東京ドーム○個分」の大きさは？

広大な土地の広さや水量の比喩で「東京ドーム○個分（○杯分）」というのがあるが、実際どのくらいなのか疑問に思う人は少なくない。

一般的に「東京ドーム○個分」という場合は、グラウンドだけではなくドーム全体の建設面積を指す。その大きさは46・755平方メートルで、容積は約124万立方メートルだ。

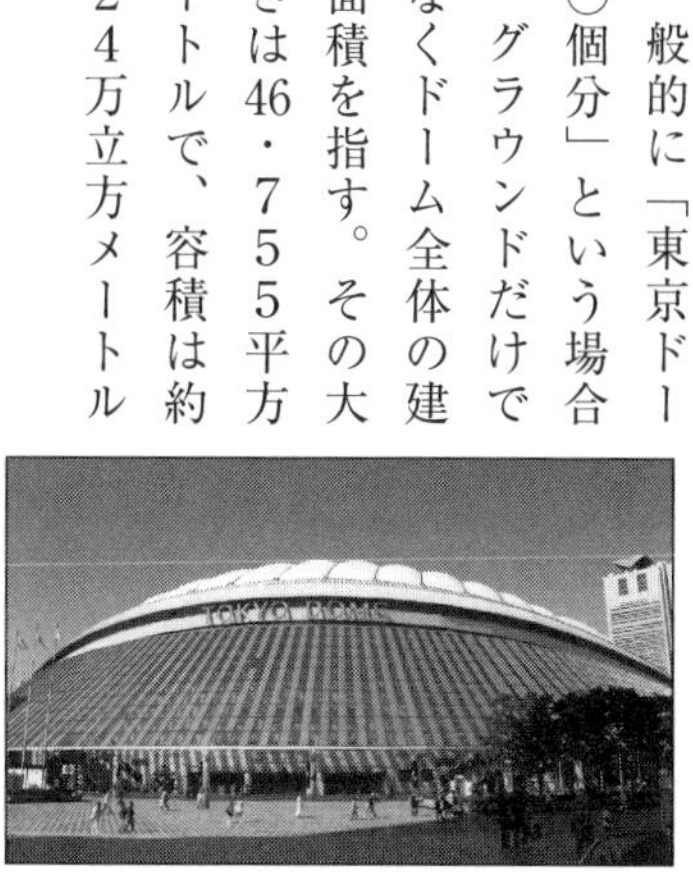

単位として使われることもある東京ドーム
©DX Broadrec

その数倍となれば、かなりの大きさ・量であることがお分かり頂けるだろう。

ラジオ体操の起源

日本でラジオ体操が制定されたのは、なんと戦前の1928年（昭和3年）のことである。

当時の逓信省（現在の日本郵政公社）簡易保険局、日本放送協会（NHK）、文部省などがラジオ体操第一を制定した。

ちなみにこの時のラジオ体操第一は、現在のものとは異なる（現在のラジオ体操第一が制定されたのは1951年のこと）。

このラジオ体操、もともとはアメリカのメトロポリタン生命保険会社が自社広告も兼ねた健康番組としてラジオで流したのが最初なのだ。ラジオ体操は、実はアメリカ生まれだったのである。

戦前のラジオ体操

保険事業の視察でアメリカへ渡った簡易保険局の猪熊監督課長が、メトロポリタン生命保険会社の行うラジオ体操と出会ったのが1925年のこと。帰国後、日本でも行おうと提案し、1927年にラジオ体操を行うことを決定、翌1928年に制定となったのだ。

その後、1953年には、夏休みにラジオ体操の指導者が全国を回って体操する「夏期巡回ラジオ体操会」が始まり、その様子が中継されるようになった。

ラジオ体操は子どもの健康のためというイメージが強いが、そもそものコンセプトは、第一が「老若男女問わずできるもの」、第二が「第一から少し運動量を上げて鍛えるため」である。

録音した声が別人のように聞こえる理由

誰もが一度は、録音された自分の声と普段聞いている自分の声のギャップに驚いたことがあるだろう。なぜこんなに声が違うのだろうか？

自分の声が自身の耳に届くには、気導音と骨導音の2つが作用している。気導音とは空気を伝って聞こえる音で、骨導音とは頭蓋骨に直接響いて聞こえる音のことだ。

テープに録音した声を再生して聞く時は、スピーカーから発せられた音が空気を伝って耳に届く。つまり気導音のみで骨導音は作用していない。一方、自分で発した声が自身の耳に届く時は、気導音と骨導音の両方が聞こえている。

この差が声を別人のように聞こえさせているというわけだ。

ボーナスを初めて出した会社

もともとボーナスという言葉は、ラテン語の「bonus（ボヌス）」、ローマ神話に登場する成功と収穫の神「ボヌス・エウェントス（Bonus Eventus）」に由来している。素敵な神様もいたものだ。ちなみに英語の「bonus」には「たなぼた」という意味もある。

アメリカでは、ボーナスと言うと「報奨金」や「特別配当」という意味合いが強いが、日本では、主に年2回、給料とは別にもらえる「賞与」として使われる言葉で定着している。

先ほど語源がラテン語であると書いたが、現在日本で行われている「ボーナス制度」が、完全に輸入されたものかと言うと、そうでもない。日本にはボーナスに似た「仕着せ」（またはお仕着せ）という制度が江戸時代から存在していた。

それでは、現在のような「ボーナス」を始めたのはどこの会社なのか。現在記録に残っている、最初にボーナスを与えた会社は、三菱商会。1876年（明治9年）のことだ。

三菱商会と言えば、三井・住友と並ぶ三大財閥である。岩崎弥太郎の創立した三菱商会は、当時海運事業で業績が上向きだったために、社員へ利益を還元したのだ。この時の賞与は、給料の1ヵ月分だったと言われている。その後、この制度を取り入れる企業が出始めた。

第二次大戦後にはインフレの波も反映して、夏冬に生活費を助ける意味を込めてボーナスが支払われていたこともあったようだ。

現在のように、多くの企業が年2回のボーナス制度を取り入れるようになったのは、終戦後のことである。

タイヤはなぜ黒いのか

乗り物のタイヤと言えば黒が普通。黒以外のタイヤは見かけない。一方、輪ゴムなど他のゴム製品はカラフルなものも多く、黒い輪ゴムはあまり見ない。なぜタイヤだけが黒いのか。

理由は簡単、タイヤを丈夫にするためだ。

タイヤには、カーボンブラックという補強剤が使われている。
このカーボンブラックが真っ黒なので、黒いタイヤができるのだ。

粉末状のカーボンブラック

マンホールはなぜ丸いのか

道の至るところにあるマンホール。デザインは様々あるが、形は一様に丸型である。なぜ丸いのだろう？

答えは実に明快で、フタが中に落ちないようにするためだ。四角だと縦横の長さが対角線の長さより短いため、フタの向きを少し変えると穴の中に落ちてしまうが、丸い形なら直径より長い部分はなく、どう傾けても穴に落ちることがない。

緊急電話はなぜ110番か

警察へかける番号は１１０で、火事・救急は１１９であることは常識だ。しかし、なぜ１１０と１１９なのだろう？ 早くかけるなら「１１１」のほうがいいような気がする。
緊急の番号１１０が登場したのは、１９４８年のこと。当時は東京・名古屋・大阪など主要都市のみで、東京は１１０、大阪が１１１０と番号が異なっていた。だがこれでは紛らわしいということで、１９５４年に１１０に統一される。

　１１０になったのは間違いにくくするためだ。慌てている時に同じ番号を３回回す（当時はダイヤル式が主流）のは、逆に間違いを生みやすい。そこで最後の１回は、一呼吸置けるように、あえて遠い０や９を使っているというわけだ。

サイコロの目が１だけ赤いのはなぜ？

サイコロの１の目が赤いのは日本独自のもので、１９２６年に和歌山県のある製造業者が日の丸に見立てて１の目を赤く塗ったことが始まりと言われている。この１の目が赤いサイコロは大人気を博し、現在、日本で販売されるサイコロの１の目は赤いのが定番となったわけだ。サイコロには長い歴史があるが、目が赤くなったのはつい最近のことだった。

歯磨きの習慣

歯磨きの歴史は非常に古く、紀元前・メソポタミア文明時代からあったと言われている。当時すでにビンロウジュという椰子の木の実を潰して、歯磨き粉のように使っていたようだ。また古代インドではお釈迦様が木の枝を噛んで柔らかくし、それを使って歯を磨くことを弟子たちに教えた。口の中をきれいにすることは儀式と捉えられていたようで、当時まとめられた「スシュルタ本典」という医療の本にも、木を使って歯を磨く方法が掲載されている。この歯を磨く木は「歯木《しぼく》」と呼ばれる。

その後、歯木はインドから中国へ渡る。中国では柳楊の木を使ったため、「楊枝《ようじ》」と呼ばれるようになった。塩を歯磨き粉代わりにしていたとも見られている。

6世紀に入ると、仏教とともに歯木が日本へ入ってきた。まずは仏教徒や僧の間で清めの儀式として、そして徐々に庶民へも広まっていった。仏教は、実にさまざまな文化を日本へもたらしたことがうかがえる。

木の先を噛み砕いて、房のように広げて使っていたことから「房楊枝」と呼ばれ、江戸時代になると房楊枝を売る店も登場した。

また同じ江戸時代、１６２５年には日本で初めての歯磨き粉「丁字屋歯磨」「大明香薬」が発売された。

丁字屋喜左衛門《ちょうじやきざえもん》という商人が作ったこの歯磨き粉は、きめ細かい砂「琢砂」に、香料などを混ぜたもの。楊枝で歯をきれいにする習慣は明治初期まで続いた。

１８７２年（明治5年）、現在の形に近い歯ブラシが登場した。これは、イギリスから伝わってきたクジラのヒゲを柄に、馬の毛を植えたもので「クジラ楊枝」と呼ばれていた。

初めて歯ブラシという名称が登場したのは１８９０年（明治23年）。

第3回内国勧業博覧会に「歯刷子」として展

示された。その後、現在でも歯磨き用品や洗剤などで有名なライオンが、「万歳歯刷子」を発売。全国的に「歯ブラシ」という名前が浸透したというわけだ。

シルバーシートから優先席へ

戦後すぐの頃には混雑する車内で安全に乗ってもらうための「婦人子ども専用車」が、昭和30年代には「老幼優先車」があった。いずれも長くは続かなかったが、これも一種の優先席と言える。

「シルバーシート」という名前で優先席が登場したのは、１９７３年。国鉄（後のＪＲ）中央線の車両に、高齢者や身体障害者の人が優先して座れる座席を設けたのが始まりだ。

なぜ優先席がシルバーシートという名前になったのかと言うと、他の座席と区別するため、銀灰色の布を使ったからである（この銀灰色の布は、もともと新幹線用だった）。

白髪のことを「銀髪」と言ったり、結婚25周年を「銀婚式」と言ったり、日本ではもともと銀が年配をイメージさせる言葉だったのも、影響しているのかもしれない。

１９７３年に登場したシルバーシートは、全国的な広がりを見せる。が、１９９７年にＪＲ東日本はそれまでの「シルバーシート」という名称を「優先席」に改めた。

誕生から30年余りの間にシルバーという言葉はすっかり「高齢者」のイメージが定着した。それが逆効果となり、シルバーシートは高齢者にだけ譲ればいいという意識が広まってしまったのだ。

高齢者はもちろん、その席を必要としているすべての人に譲ってほしいという思いをこめて、「優先席」と改めたのだ。現在優先席に貼ってある表示には、高齢者の他にも、怪我をしている人や幼児連れの人、妊婦などにも席を優先するように書かれている。

東日本旅客鉄道（JR 東日本）の優先席
©Kuha455405

初めて国際結婚をした日本人

江戸時代の日本では「鎖国」が行われていた。キリスト教の禁止と貿易の抑制を名目に、オランダなど一部の国を除いた諸外国との交流を江戸幕府が禁じたのだ。また、日本人が海外へ行くことも禁止されている。島国の日本はまさに孤立状態となった。

鎖国は、ペリーが来航して開国に至るまで、実に２００年以上も続いた。

２００年間外国との接触がない、ましてテレビもインターネットもない時代となれば、当時の人たちが外国人に奇異の目を向けてしまうのも、致し方ない。日本人と外国人の婚姻、特に日本人の娘が外国人男性と結婚するなどというのは、信じられないような出来事だった。

やがて時代は明治に入り、1873年（明治6年）、日本で初めて国際結婚を認める法律が誕生した。

この法律では、外国人男性と日本人女性が結婚する場合、妻は日本国籍を失い、逆に日本人男性と外国人女性の場合なら、妻は自身の国籍を失うことになった。つまり、男性（夫）の国籍に従わなければならなかったのだ。現在、この法律が発令された3月14日は「国際結婚の日」となっている。

この法律ができた後、作家ラフカディオ＝ハーン（小泉八雲）が、1891年に日本人女性と結婚している。同年には、旧5000円札の顔として知られる教育者・新渡戸稲造が、アメリカ人女性と結婚した。さらに翌年には、青山光子（クーデンホーフ光子）が、クーデンホーフ・カレルギー伯爵と結婚。後に欧州へ移住し、ヨーロッパと日本の架け橋的役割を果たしている。

クーデンホーフ光子

では正真正銘の第一号は誰なのかとなると、確定は難しい。鎖国まっただ中の1823年には、ドイツ人医師シーボルトの子どもを生んだ日本人女性タキがいるし、鎖国以前に日本へやってきた外国人が、日本人と結婚している例もあるだろう。実際には届け出をしていない「内縁関係」のカップルも、多く存在していたと見られる。

　国際結婚を認める法律ができても、爆発的に国際結婚が増える様子は見られなかった。大正時代に入ると、「日本の伝統文化が一番素晴らしい」という国粋主義が幅を利かせて、外国人との結婚をタブー視するようになっていた。法律的に可能とは言っても、世間の目が気になる時代だったのだ。

シーボルトの子を産んだタキ

　国際結婚への意識が和らいでくるのは、戦後になってから。現在のように外国人と日本人の結婚がオープンになったのはつい最近、お金に余裕ができて多くの人が海外へ気軽に旅行するようになってからである。

ウェディングケーキの歴史

ウェディングケーキのルーツは、紀元前までさかのぼる。

紀元前3世紀頃、ケンソル（監察官。古代

ローマの公職の1つ）を務めていたカトーという人物は、農家の出身。彼は質素で堅実な生活を好み、将軍たちのぜいたくな生活を禁止させる働きかけを行っていた。そんなカトーが推奨した食べ物の1つに、自国で作られるスパイス「アニス」を使ったケーキがあった。

当時は、東洋のスパイスを使った食品が多く作られていたが、そのスパイスがあまりに高価なために、カトーは東洋のスパイスを使うのをやめさせ、地元で採れるアニスを使って甘くおいしいケーキを作ったのである。このケーキが結婚式などの祝いの席でも食べられるようになったのが、ウェディングケーキの始まりと言われている。

ではケーキ入刀がいつ頃始まったのかというと起源は定かではない。しかし、古代ギリシャの時代には、ケーキではなくビスケットを夫婦で砕き、花嫁の頭に撒いたというエピソードがある。たくさんのカケラは子どもを表し、子宝を願う意味もあったと言われる。撒いたビスケットは結婚式の参加者にふるまった。また、新婦がケーキやクッキーを焼き、それを参加者にふるまって「自分は料理ができます」というアピールをしたという風習もある。

宝くじの歴史

宝くじの歴史は古く、世界的に見れば古代ローマの時代から行われていた。

現在のように賞品や賞金がもらえるくじは「富くじ」と呼ばれ、日本で初めて富くじが行われたのは江戸時代初期、瀧安寺というお寺が発祥だ。

参拝した人たちの名前を書いた木札を一箇所にまとめ、寺の僧が錐で突いて中から数枚選び出す。選んだ木札に書かれていた名前の人（当選者）にはお守りが渡された。これが、日本で行われた富くじの最初である。富くじは後にギャンブルの様相を呈してきて、禁止令も出たほどだったという。

時が流れて戦後、１９４８年に「当せん金付証票法」にて宝くじが公営ギャンブルに制定され、現在に至っている。戦中から終戦直後の宝くじの副賞はタバコが人気だったのが、時代を反映していると言えよう。

宝くじ発祥の地として知られる瀧安寺

賞金が１００万円の大台に乗ったのは、１９４７年。当時国産の乗用車が20万円程度だったので、車を4台買ってもおつりがくるという金額だ。その後、１０００万円になったのが１９６８年、１億円を突破したのが１９９４年のことである。

オリンピックは平和の祭典ではなかった

現代の私たちがよく知るオリンピックは、各国の代表に選ばれたアスリートたちが競い合うスポーツの祭典である。オリンピックの起源は紀元前9世紀〜紀元後4世紀にかけて約1200年間行われた古代オリンピックにあり、現代のものとは内容や意味合いが大きく違っている。

オリュンピア遺跡にあるヘラ神殿 © 遠藤昂志

古代オリンピックの特徴の1つが「聖なる休戦」だ。そのため、オリンピックは「平和の祭典」とも称されるのだが、残念ながら、実際はそうではないようだ。

古代オリンピックは、現代のようなスポーツの祭典ではなく、宗教的行事という意味合いが強かった。古代ギリシャ人が信仰したオリュンポス12神をはじめとする神々の主神であり全知全能の神ゼウスに捧げる、神域における体育や芸術の競技祭であったという。

そのため、ギリシャ全土から参加者や観客が集まり、移動にも時間がかかるため、会期中はあらゆる争いを中断することになっていた。その聖なる休戦期間は、長い時で3ヵ月間にも及んだそうだ。

だが、聖なる休戦が実際に守られていたのはペルシア戦争（紀元前499年〜紀元前449年）が終わるまでだった。そこから古代オリンピックが中止されるまで約850年あり、実際はオリンピック会期中にも戦争が行われていた期間の方が長かったのである。

古代オリンピックは、現代で国を代表するアスリートが競い合うように、ギリシャの小規模な都市国家（ポリス）からそれぞれの代表が参加していた。オリンピックで優勝することは出身ポリスにとって大変な名誉であり、古代オリンピック末期にはポリスの支配者たちが有力な選手を引き抜いたり、審判や対戦相手を買収したりと決してクリーンな雰囲気ではなかったという。

　徐々に退廃しつつあった古代オリンピックの祭典は、393年、キリスト教を国教にしようとするローマ皇帝の命により中止されてしまう。オリンピックの舞台であったゼウスの神殿も壊され、古代オリンピックは終わりを迎えたのである。

競技で走る３人のランナー ©Jastrow

　ちなみに「オリンピック」とは、古代オリンピックが開催された場所かつゼウスの神殿があった、オリンピアの地名に由来する。

04 食べ物の知的雑学

カフェ・オ・レとクロワッサンはトルコ軍の置き土産

クロワッサンはフランス語で三日月のことで、実はこの形にわけがある。

話は17世紀にさかのぼる。オスマン・トルコは14世紀から15世紀にかけて、現在のギリシャからブルガリア、ボスニア・ヘルツェゴビナ、セルビア、ハンガリーなどを手に入れ、さらに北上して1529年神聖ローマ帝国の都ウィーンを包囲した。

しかしウィーンは陥落しなかった。さらに17世紀半後の1683年に、再度ウィーンを包囲攻撃したが、ウィーンはシャルル・ドゥ・ロレーヌとポーランド王の協力によって、トルコ軍を撃退した。トルコ人たちは後にコーヒーの在庫をたくさん残して逃げ去った。

さて、この戦いの英雄コルシッキーという人は、コーヒーの在庫を回収して1683年に「カフェ」を開いたのだが、砂糖がなかったので、コーヒーの苦味をやわらげるために、ミルクを入れ、ミルク・コーヒー（カフェ・オ・レ）を作った。さらに勝利を記念して、オスマン・トルコの旗印三日月形のパンを作って客に出した。これがクロワッサンの形のルーツになっているというわけだ。

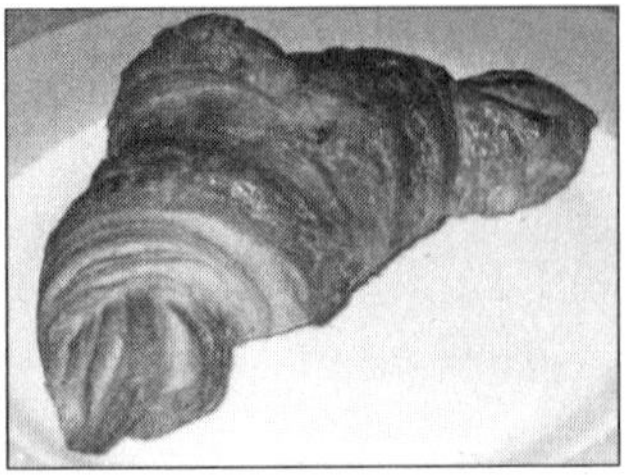
特徴的な形は戦乱がきっかけで生まれた
©Hohum

ハムのない「ハムバーガー」

中央アジアの遊牧騎馬民族のタタール人は肉を柔らかくする方法はないものかと思案したあげく、次のような方法を見つけた。

朝出かける前に、板状の厚い肉を鞍の下に入れ、上下動によって、肉を打ち砕かせる。一日馬を乗り回すと肉は柔らかくなる。

これに塩、コショウ、玉ねぎの汁で味つけをし、適当な大きさにまとめて、今日のタルタル・ステーキにして食べた。

19世紀の中頃アジアで商売をしていたドイツ・ハムブルグ生まれの男が、タタール人のこの方法を見て、ドイツに帰ってからハムバーグ・ステーキとして紹介した。

のちにハムバーグ・ミートとも呼ばれるようになり、これを1800年代の初めに、ドイツ移民がアメリカ合衆国に伝えたと言われている。

1904年にセントルイスの万国博覧会で、ひき肉をパティにしたものを焼き、円型のパンにはさんだものが初めて売られ、これをハムバーガーと呼ぶようになった。アメリカ人は冗談にham＋burgerと解釈し、色々のバーガーを生み出し、チーズバー

セントルイス万国博覧会の様子

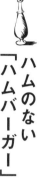

ガー、ベイコンバーガー、チキンバーガーなどが現れた。

　というわけで、ハムバーガーのハムは肉のハムではない。

　ドイツのハムブルグ、英語読みにしてハムバーグ、それに「……生まれのもの」の意を表す「er」をつけてハムバーガーといったものである。

「ホット・ドッグ」は犬の肉か？

　ホット・ドッグは細長いパンの中に、からし、バターを塗り、焼いたソーセージやサラダ菜などをはさんで熱くして食べるもの。ハンバーガーとともに簡便な食品で人気がある。

　１９０４年のセントルイス万国博覧会で、熱いソーセージをRed Hot と名づけて売り出したのが最初だった。手でつかめないほど熱いので、初めは白い手袋をサービスしたが、のちにパンでソーセージを包むようになった。

　名前の由来は、形が胴の長いダックスフント犬に似ているので「熱い犬」(hot dog) の名が生まれたと言われている。

コーンの入っていない「コーンビーフ」

　アメリカではコーンビーフをコーンド・ビーフ (corned beef) というが、このコーンドはとうもろこしとはあまり関係がない。

「とうもろこしのような小粒の塩で漬けた」ということで、この塩で味をつけたビーフのことをコーンビーフという。

1898年当時のリビー社製コンビーフ缶詰の広告用イラスト

マーガリンは真珠？

フランスがプロシャと戦争をしていたとき（1870〜71）、バターが不足して、おいしい料理ができなくなった。

そこで時の皇帝ナポレオン3世がバターの代用品を懸賞募集したところ、化学者のメージュ・ムーリエが1869年に特許をとった製法が選ばれた。これは発酵した牛乳と牛脂とを混ぜ、練り合わせてバター状にしただけのものだった。

この人造バターが造られた頃、すべての油脂はマルガリン酸を含むと考えられていて、人造バターをマルガリンと呼ぶようになった。

このマルガリン酸は油脂性の白色結晶体で、真珠の輝きがあるので、フランスの化学者シュヴルールが1836年に、ギリシャ

マーガリンの生みの親
メージュ・ムーリエ

語の「margarite（真珠）」から「margaron」と命名した。これがマルガリン（フランス語）、マーガリン（英語）のもとになっている。

水を飲まなかった欧米人

　昔欧米人は水を飲むことを避け、あまり風呂に入らなかったが、これは衛生知識がなかったためにほかならない。

　アメリカ植民初期、すなわち17世紀には、病気の多くは水との接触によるものとされ、水で洗うのは手と顔だけに限られていた。

　一般人は飲料として水は避け、夏の暑い日に労働をして汗を流せば、水の代りにリンゴ酒を飲んだ。

　フランスでも農村部では１００年前、垢がからだを保護するとか、水は健康によくないなどと言われていた。

　またルーアンの女子師範学校の寮では、洗髪は月に一度程度ということになっていたそうだ。

　市民の間で風呂は不道徳で心身を軟弱にするという考えが根強く、風呂の普及が遅れていたのだ。これはカトリック教の影響だという。

　このように風呂に入らなかったので、体臭を消すため香水類が発達したものと思われる。１８９４年になって法律によりパリの建物に下水管をつけることが定められたが、完成するまでには長い年月がかかり、これも風呂の普及を遅らせた。

豚は不浄か？

古代ギリシャでは穀物神デメテールを祀るエレウシスの祭典で豚がいけにえにされ、ギリシャ神話の英雄ヘラクレスにもいけにえとして捧げられている。古代ローマでは、病苦から救われたいと願う人々が、家庭の守護神レアリーズに豚を捧げている。ギリシャのデメテールに当る農業神シーリースにも豚をいけにえとして捧げた。土地をたがやすことを教えてくれたという理由からだ。

　このように古代ギリシャ、ローマでは豚は聖なるものとして扱われているが、ユダヤ教とイスラム教の世界では不浄なものとして、食べることを禁じている。

豚の前足の内側にある5つの小さな黒いしみは悪魔が豚に乗り移った時の悪魔のつめのあとだと言われている。

　イスラム教の教祖ムハンマドは豚は不浄なものとしていたので、8世紀の初めに南ヨーロッパに浸入したイスラムは、豚肉の売買を禁じた。しかし南欧の人々は豚肉を食べずにはいられず、間もなく、闇市が立つようになった。

　農夫は仔豚を大きな袋に入れて、真夜中に町に持っていって売った。農夫の中には豚でなく、猫が入った袋を売るずるい人もいた。取引中袋の口が開いて、ばれることもあった。それで「秘密をもらす」ことを英語でlet the cat out of the bag（袋の中から猫を出す）とか「調べないで物を買う」ことをbuy a pig in a bag（袋の中の豚を買う）という。

ウナギは生で食べられるのか

ウナギは蒲焼で食べるのが定番で、刺身など聞いたことがない。生では食べられないのだろうか？

結論から言うと、さばいただけでは食べられない。

理由は、ウナギの血液に「イクチオトキシン」という毒があるため。この毒を含む血液を完全に取り除かない限り、生食はできない。イクチオトキシンはタンパク質性の毒で、口に入ると呼吸困難や吐き気などの症状を起こす。だが熱に弱く、60度以上で5分ほど過熱すれば壊れるため、火を通せば食すことができる。

日本人はいつ頃からウナギを食べているか？

日本でウナギを食べた第一号は定かではないが、『万葉集』にウナギを食べる記述が残っている。『万葉集』と言えば、7世紀末頃にできた書籍である。

『万葉集』の中に、大伴家持が夏やせした友人に「夏バテにはウナギを食うといいよ」と勧める歌が載っている。

『石麻呂《いしまろ》にわれ物申す夏痩に良しといふ物そ鰻取《と》り食《め》せ』

（訳：石麻呂さんに申上げます。夏痩に効果があるということですよ。鰻を取ってめしあがってくださいませ）

米兵のチョコレートは日本が負担していた

空襲で焼け野原となった東京、玉音放送に耳を傾ける国民、種種雑多な食糧が並ぶ闇市……。

こうした光景は戦後の日本の姿として映画やドラマでよく描かれる。それとともに米兵がジープから体を乗り出し、子どもたちにチョコレートやガムを配る様子も定番だ。「ギブ・ミー・チョコレート」とチョコをねだる子どもと得意げな米兵の組み合わせは、困窮する占領期の日本の姿をよく表している。

実はこのチョコレートやガムの費用はすべて日本が負担していた。アメリカ製のチョコを日本政府が買って米兵はただ配っていただけ。目的は「やさしい米兵」を演出して反米感情を抑えることで、要はとんだやらせだったわけである。

米兵のチョコレートに群がる子どもたち

「乾杯」の習慣

まだ文化の進んでいなかった頃、敵と思っている者に、毒入りの飲み物を提供して、殺そうとすることは、決して珍しいことではなかった。

客に勧める飲み物が安全なものだということを示すために、主人は自分のグラスを差し出して、客のグラスの少量を自分のグラスにつがせるのが習慣になった。そうしてから両者は同時に飲んだものだ。

客が主人を信じている場合は、自分のグラスから主人のグラスに注がないで、ただ主人のグラスに自分のものを接触させるだけだった。これが乾杯の習慣の始まりとされている。

このような習慣は3000年も昔の古代ギリシャ時代に始まったと言われている。酒宴のたびに乾杯できるというのは平和な時代の証かもしれない。

ティーカップはなぜ薄い？

紅茶を飲むためのティーカップはとても薄いが、これはなぜなのだろう？

理由は、主役である紅茶を引き立てるため。紅茶は本来、透明度の高い澄んだ液体である。ティーカップは紅茶の液体をより美しく見せるため、薄い磁器で光が通るように作られているのだ。口が広いのも光を通しやすいため。光を通した紅茶はより澄

紅茶を美しく見せるためティーカップは薄い
©Fæ

んできれいに見えるというわけだ。

ビールの方が水よりたくさん飲めるわけ

私たちが摂った水分は胃ではほとんど吸収されず、おもに小腸、大腸で吸収されるが、それには30分から1時間くらい時間がかかるので、ビールのように続けてたくさんの水は飲めない。

アルコールが5パーセントくらい入っているビールは、胃壁からも吸収されるので、たくさん飲むことができる。胃や腸で吸収されたビールは腎臓へ運ばれる。ふだんは腎臓を通る水分のほとんど大部分はリサイクルされ、尿に出るのは1日1・5リットルくらいのものだが、このリサイクルを命じるバソプレッシンというホルモンが、アルコールの影響で働かなくなり、ビールの水分ばかりでなく、からだの中の水分まで尿に出してしまう。

したがってリサイクルされ戻されなければならない体液が減少し、脱水症状になる。それでのどがかわき、ますます飲むというわけだ。暑くて汗をかいたとき、ビールを飲んでも水分の補給にはならない。酒、ワインも同じことで、尿の量をふやすだけだ。

牛肉の鮮度の見分け方

私たちが店頭で牛肉を選ぶとき、鮮やかな赤身のほうが、新しくておいしそうに見えるが、実はそうではない。

肉の色は赤血球に含まれるヘモグロビン（血色素ともいう）と筋肉細胞にあるミオグロビンによるもので、ミオグロビンは暗紫色だが、時がたつと酸化して鮮やかな赤色になる。

だから赤紫色の肉のほうが解体して時間がたっていないことになる。しかし近頃は薬品によって鮮やかに発色させる場合があるので、注意が必要だ。

食肉は熟成させた方がうまい

猪猟をする人の話だが、射止めた猪は1週間くらいたってから食べたほうが、柔らかくうまみも出るとのことだ。

食肉は屠殺直後は柔らかいが、味や香りが少ない。しばらくおくと、死後硬直して固くなり、保水性もなくなるが、低温で更に貯蔵すると、柔らかくなり、香りや味もよくなるという。このようにしばらく貯蔵して、おいしさを向上させることを熟成と言っている。熟成に要する日数は、動物によって異なるが、一般に2～5度で、牛肉は10日、豚肉は4～6日、鶏肉は半日～1日のようだ。温度が高ければ短期間ですむが、微生物による品質の劣化を防ぐため塩づけも必要になる。

肉が柔らかくなるわけは、筋肉を構成している筋繊維とその間に入りこんでいる筋原繊維の中にあるカルシウムイオン、あるいはプロテアーゼというたんぱく質分解酵素が筋原繊維の構造を弱めるためだと言われている。また保水力の回復も、そうした構造変化によるものだろうという。

味や香りがよくなるのもプロテアーゼによってたんぱく質が分解されて、ペプチドやアミノ酸が増加するからだと言われている。

炭焼き肉がおいしいわけ

炭火で焼いた肉は、中まで火が通っていて、汁もありおいしいのは、炭火の温度が肉を焼くのに丁度よいからだ。肉は１５０〜２００度で焼くのがいちばんおいしいと言われている。その点炭火だと適温が得られる。フライパンではこの温度を保つのはむずかしい。厚い肉をフライパンで焼くと、表面がこげて中は焼けていないことが多い。その点炭火だと中まで程よく焼けるので、「紀州備長炭焼き」などと看板に掲げて、炭火焼きを売りものにしている店もある。

中国では食事を完食してはいけない

「残さず食べなさい」

日本の食卓ではそんな言葉が当たり前のように聞かれる。残しては失礼と満腹を堪えて完食した経験を持つ人もいるだろう。

だがこの感覚で中国に行くと、気まずい思いをすることになる。中国では出された食事を全部食べ切るのは「まだ足りない」というアピールになるのだ。これは「もてなす側の配慮がない」と相手のメンツを潰すことになる。

　中国人はメンツをとても大切にする。料理をふるまわれたら、もったいないと思っても、少し残すのがマナーだ。ちなみに残った食事は、その家の翌朝のおかずとなる。

青魚はからだにいい

　イワシ、サンマ、サバ、カツオ、マグロ、ウナギのような背の青い魚には、私たちのからだに不可欠の多価不飽和脂肪酸のＥＰＡやＤＨＡという物質がたくさんあり、これが健康によいと言われている。これらは体内で合成しにくいため、食べ物からとらなければならない。

　ＥＰＡもＤＨＡも構造は少しちがっているが、からだには似た効果がある。どちらも毛細血管を軟らかくし高血圧を治し、悪玉コレステロールを減らし、血栓や動脈硬化による狭心症、心筋梗塞、脳梗塞などの予防に役立つ。またガンの発生や増殖に関係する物質ができるのを抑えたり、アレルギーや炎症を防ぐなど、すばらしい効果がある。

　生活習慣病のある人はもちろん、肉食の多い人は、おおいに青魚を食べるとよい。

　食事で摂取したＥＰＡは比較的全身にゆきわたるが、血液脳関門を通過しないので脳には届かない。しかしＤＨＡはこの関門を通過する。血液脳関門というのは、脳に必要な物質だけを選択し、毒性物質を入れない関所のようなもので、脳全体にあると考えられている。

　ここを通過したＤＨＡは神経細胞を刺激し、情報の伝達にかかわるシナプスの成長を助ける。ここが活性化すれば記憶力もよくなるわけだが、この発達は高校生くらいで止まるので、それまでに十分発達させておく必要がある。それで、「ＤＨＡは頭を良くする」とか「子どもにマグロの目の周りの脂肪部分を食べさせるとよい」などという。

回転寿司をつくった人

　庶民に嬉しい回転寿司の生みの親は、白石義明という人物。大阪で「元禄」という小料理屋を開いた人である。彼は回転寿司チェーン「廻る元禄寿司」の創業者である。

　小料理屋「元禄」のオープンは１９４７年（昭和22年）。

　店のある東大阪は工場が多く、客も工場で働く人たちが大半を占めていた。

　そんな客に、待たせず気軽に食べてもらえるものを、と始めたのが「立ち食い寿司」だった。この立ち食い寿司は人気を集め、客も増えていった。

　しかし、店は人手不足になり、白石は多くの注文をいかに効率よくこなしてい

元禄寿司・本店

くかを考えなければいけない状況に迫られた。

そこで着目したのが、ビール工場のベルトコンベアである。ビール工場を見学していた白石は、ビールを詰める瓶がベルトコンベアに乗せられ運ばれていくのを見て、これを寿司に応用できないかとひらめいた。

客の注文に応えて1つ1つ握っては出していくのではなく、ベルトコンベアに寿司を乗せて回し、客に好きなものを選んでもらおうというのだ。

そして開発されたのが、「コンベヤー旋廻食事台」である。

白石は1958年（昭和33年）、初の回転寿司店「元禄寿司」をオープンする。さらに「コンベヤー旋廻食事台」は、1962年（昭和37年）に特許を取得した。

スパゲッティとパスタの違い

パスタとは、小麦粉をこねて作ったイタリアの麺類の総称。

スパゲッティはもちろん、マカロニやペンネ、ラビオリなどの小さく短いものも全てパスタの一種だ。

一方、スパゲッティはパスタの種類の1つで、細長く中が空洞ではない麺のことを指す。

イタリアの店頭に並ぶさまざまなパスタ
©Arria Belli

「得意料理はパスタ」という人は、ぜひともマカロニ料理もふるまえるようになりたいものだ。

ツナとシーチキンの違い

「ツナ（tuna）」は、英語でマグロのこと。マグロを油に漬けるなどして缶詰にしたものだ。

一方「シーチキン」も同じマグロの缶詰だが、こちらは「はごろもフーズ」の商標登録。つまり同じマグロの缶詰でも、はごろもフーズ以外の製品は「シーチキン」を名乗れないのである。

はごろもフーズが製造するシーチキンシリーズ
©Niba

シャンパンとスパークリングワインの違い

「スパークリングワイン」は、発泡性のワインの総称。ワインの中に炭酸ガスが溶け込んだ状態で密封されていて、栓を抜く時にシュワっと発泡する。

一方、「シャンパン」はスパークリングワインの一種だが、シャンパンと呼ばれるのは、フランスのシャンパーニュ地方で作られたもののみ。しかも、ここで作られたら全てシャンパンになるというわけではなく、使用するぶどうの品種や製法まで細かいチェックがあり、これらをクリアしたものだけが「シャンパン」と呼ばれる。

おにぎりとおむすびの違い

実は「おにぎり」も「おむすび」も同じもの。辞書を引くと、どちらもご飯を握った「握り飯」を丁寧に言った言葉であることが分かる。ただ言葉の由来を見てみると、より古くからあったのは「おむすび」のほうだ。

古代日本では、天地万物あらゆるものを生み出す神様「産霊《むすひ》の神」を信仰していて、当時の人々は、尊い作物であった米を炊いて握ったものを産霊の神へ供えていた。

室町時代頃になると、宮中の女官たちの間で「むすび」と呼ばれ、丁寧に「お」をつけて「おむすび」になったという説がある。

一方、おにぎりは、武士が携帯する握り飯が、こちらも「お」をつけて丁寧に「おにぎり」と呼ばれるようになったと言われている。

おかゆと雑炊の違い

体調を崩した時などに食べることが多い「おかゆ」と、鍋のシメに好まれる「雑炊」、どちらも柔らかいご飯だが、作り方は大きく違う。

おかゆは生の米から作る。普通に炊くより水の量が多く、米1に対して水5で炊いたものなら全粥、水7なら七分粥といったように呼び名が変わる。

一方、雑炊は、鍋のシメで作る光景を思い出すと分かる通り、炊いたご飯を使う。おかゆと違い、ダシのきいた汁や、野菜、肉なども一緒に入っているためバリエーションも豊富だ。

クッキーとビスケットの違い

クッキーとビスケットは見た目も同じようだが、厳密な定義づけにより区別されている。

クッキーは小麦粉に卵、牛乳、砂糖、バターなどを加えて焼いたもので、糖分と脂肪分の合計が40パーセント以上のもの。

一方ビスケットは同様の定義でも、糖分と脂肪分が40パーセント以下のものだ。

この決まりは「公正競争規約」と呼ばれていて、１９７１年に定められた。

当時クッキーはビスケットよりも高級なお菓子だと認識されていて、安価なビスケットをクッキーと呼ばないよう、このような規定が設けられたのである。

納豆の起源は古い

納豆の起源は弥生時代にまでさかのぼる。

縄文時代後期、まだ稲作が伝わる前の日本人は、雑穀（アワやヒエなど）類や芋、豆を主食としていて、ヤマイモやサトイモといったネバネバした芋も口にしていたと見られている。

弥生時代に入ると稲作が大陸から伝わり、それまでは自然に成っている物を食べていた生活から、栽培する生活へと変化し、豆類も自分たちで作るようになった。そんな時代背景の中で納豆は誕生した。

納豆は大豆を煮て藁に包み、少し高い室温で保温して作るが、縄文時代から弥生時代にかけての住居は竪穴式住居で、床には藁を敷いていた。納豆作りに適した環境だったのだ。

とは言え、当時は意図的に納豆が作られていたのではなく、煮豆が藁を敷いた床に落ち、発酵していたものを、たまたま食べてみたら美味しかったというのが真相だろう。

縄文時代からネバネバしたヤマイモなどを口にしていた日本人にとっては、納豆のネバネバはさして不思議ではなかったと見られる。偶然が、後に何千年も続く食文化を生み出したのだ。

おせち料理の歴史

おせちとは漢字で書くと「御節」。

もともとは、1月7日の人日、3月3日の上巳《じょうし》、5月5日の端午、7月7日の七夕、9月9日の重陽の五節句に出された祝いの席のごちそうのこと。

節句ごとの祝いの食事はすべてひっくるめて「御節」と呼ばれていたのだ。それが後に、節句の一番初めである正月に食べる料理のみを呼ぶようになった。

おせち料理の歴史は古く、平安時代の宮中では、先述したように節句ごとに神様へ捧げる料理として登場していた。

当時はまだ貴族階級だけの風習で、庶民に伝わるようになるのは江戸時代後期になってからだ。江戸の庶民が宮中行事を生活に取り入れ、その年の豊作を祈願して、おせち料理を作るようになった。

本来はお屠蘇、祝肴、煮しめ、雑煮をまとめて「おせち」と呼ぶが、現在ではお屠蘇や雑煮以外の、重箱に詰める料理を「おせち」と呼ぶのが一般的だ。

正月の食卓を彩るおせち料理

梅酒づくりに氷砂糖を使うわけ

新鮮で傷のない梅の実と氷砂糖を広口ビンに入れ、焼酎を注いで密封しておけば、2ヵ月もすれば飲めるので、家庭でつくる人が多い。しかし砂糖は氷砂糖に限る。手もとに氷砂糖が無いからといって、白砂糖で間に合わせようとしてもだめだ。

氷砂糖はゆっくり溶け、糖分濃度の低い焼酎は梅の実にしみこんで、梅の実からエキスを引き出してくれる。徐々に焼酎が入り梅のエキスが出て、双方の濃度が釣り合って、移動が終る。そのころには梅のエキスはほとんど出つくしていて、梅酒ができあがる。前述のように2ヵ月で飲めるが、1年たって実を出しておけば熟成が進む。

もし白砂糖を使ったら、糖分濃度の高い焼酎になり、梅の実の中の水分は焼酎のほうに吸い出されて、実はしぼんでしまい、肝心のエキスは溶け出さない。これでは梅の風味などは出てこない。

梅酒をつくる場合、それぞれの材料の割合が大切で、いいかげんにしては良い梅酒はできない。『暮しの図鑑〈第1〉食』（主婦と生活社）によると、焼酎1リットル、青梅500グラム、氷砂糖300グラムとあった。広口ビンに氷砂糖と梅を交互に入れ、いちばん上に氷砂糖がのるようにして、上から焼酎を注ぎ密封するとよいそうだ。

氷砂糖で梅酒を作っているところ ©Benzoyl

酒に酔うとはどういうことなのか？

酒を飲んで酔うのは、胃腸から吸収されたエチルアルコールが血液で運ばれて、脳の外側の大脳皮質に達し、脳細胞を麻痺させるからだ。ここは人の本能的な欲求や行動を抑制するところで、適度に麻痺すると、抑圧から解放され、緊張もとけて陽気になり、言動も大胆になる。さらに飲み続けると、大脳皮質だけでなく、その内側の運動神経にまで麻痺が進み、舌がもつれたり、千鳥足になる。

さらに進むと歩けなくなり、泥酔状態になって、嘔吐したりする。麻痺が呼吸中枢のある脳幹に達すると、呼吸困難となり死亡する。

酒に弱い人で、訓練し（あるいは訓練されて）酒が飲めるようになることがあるが、もともとアルコールがからだに合わない人、飲むとすぐ顔が赤くなる人、気分が悪くなる人は、無理に酒は飲まないほうがいい。

というのは、からだに入ったアルコールは、肝臓でアルコール脱水酵素により分解されて、アセトアルデヒドになり、これがアセトアルデヒド分解酵素で酢と水に分解されて尿に入って排出されるのだが、酒に弱い人には、アセトアルデヒド分解酵素のない人、その働きの弱い人がいて、アセトアルデヒドが肝臓で処理しきれず、体内にたまり、そのために気分が悪くなったり、吐いたりするからである。

酒飲みを訓練しても、この酵素がふえるわけではないので、からだにはよくないというわけだ。

日本人は西洋人に比べて、アセトアルデヒド分解酵素の働きのない人が多い。つまり酒に弱い人が多いというわけだ。だから日本人のほうが、アルコール依存症患者が少ない。

ビールだけでは太らない

「ビールは太る」という考えは根強い。でっぷりと太った腹を「ビール腹」と喩えることからも、それはうかがえる。

しかし、実際にはビールでそれほど太ることはない。

酒に含まれるアルコールは、１グラムあたり７キロカロリーのエネルギーを蓄えていて、アルコール度数が高ければ高いだけ、カロリーも高くなる。

つまりビール自体はウィスキーやワインに比べてカロリーが低いということだ。

ではなぜ、ビールが太ると言われるのかというと「つまみが進むから」だろう。

ビールのように薄い酒は、胃液の分泌を活発にし、食欲が増しやすい。ビールは好きだけど太りたくないという人は、つまみに注目してみるといいだろう。

鉄分をとるなら ひじきよりレバー

「鉄分の王様」という呼び名もあるほど、ひじきは鉄分のイメージが強い。

しかし、現在はその地位が揺らぎつつある。ひじきに含まれる鉄分は以前は１００グラムあたり約58ミリグラムとされていたのに対し、今はその約９分の１、約６ミリグラムと大幅に減少しているのだ。この数値は、文科省下の審議会が発表する日本食品標準成分表に記載されている。

理由は単純で、以前は鉄鍋でひじきを戻していたため、鍋の鉄分が溶けてひじきの鉄分が多いように見えていたのだという。

異論もあるが、事実なら100グラムあたり約18ミリグラムの鉄分を含むレバーに及ばないことになる。

鉄分の王様という称号は、今後は通用しなくなるかもしれない。

アイスクリームのルーツ

アイスクリームはアメリカ人が最初に作ったと思うかもしれないが、実は東洋生まれだった。

というのは、アイスクリームの前身はシャーベットと考えられるからだ。英語のシャーベット（Sherbet）はアラビア語の（Sharbah　飲む）に由来し、アラビアン・ナイトに「シャルバート」という飲物が登場するが、これは果汁に砂糖と香料を加え、冷やしたもので、これがモンゴルから中国の唐にも伝えられ、中国の文献に「舎里八《シャリバ》」とか「舎里別《シャリベツ》」という名称で登場している。

ベニス生まれのマルコポーロが、この作り方をイタリアに伝えたと言われている。

フィレンツェのメディチ家の娘カトリーヌがフランス国王アンリ2世（在1547～1559）に嫁いだとき、シャーベット状アイスクリームの製法をフランスに伝えたという。

これはフランスの貴族た

アイスクリームをフランスに伝えたとされるカトリーヌ

ちの間で大変好まれ、作り方を庶民には内緒にしていたが、1550年頃イタリアで現在のような製法が考案され、パリにイタリア人の「アイスクリーム店」ができ、フランスの一般の人の口にも入るようになった。これがヨーロッパの各国に広まった。

1867年にドイツで製氷機が発明され、冷凍技術と酪農の発達にともない、アイスクリームの工業生産が始まった。

特にアメリカでは1904年セントルイス万国博覧会で、工業的アイスクリーム製造の実演が行なわれ、これを契機にアメリカばかりでなく、世界中に普及するようになった。

日本では、1869年（明治2年）に横浜で製造販売されたのが最初だった。

牛乳を温めるとできる膜

牛乳を温めると表面に薄い膜が張る。これはなぜなのだろうか？

牛乳を加熱して膜が張ることを「ラムスデン現象」と呼ぶ。40～50度ぐらいに温めると、牛乳に含まれる水分が蒸発する。同時にたんぱく質が変化し、脂肪や乳糖を取り込んで固まる。これが膜となっ

ラムスデン現象を用いて豆乳で作ったものが湯葉である
©Kakidai

て表面に浮いてくるのだ。加熱する時間が長ければ長いだけ厚い膜になる。膜が嫌な人は、かき回しながら温めるといいだろう。

公募で生まれた缶詰

19世紀初頭のフランス、皇帝ナポレオンは、戦に出るために食べ物を持ち運びやすく保存ができる方法を公募した。この公募には１万２０００フランもの懸賞がかけられていたが、その懸賞金をゲットしたのは、ニコラ・アペールという人物。彼が考案した「瓶に食材を詰めた後沸騰過熱で中の空気を抜いてコルクで栓をする」という瓶詰の方法が採用されたのだ。

ニコラ・アペールの肖像画

ただ、この瓶詰には欠点があった。重量がかさむこと、そして落とすと割れてしまうことだ。これらを解消しようと考えられたのが、金属製（ブリキ）の容器に食材を入れる方法である。考案したのはピーター・デュランドという人物、１８１０年のことだ。これが「缶詰」の起源となっている。

その後、開発が進められていくのと同時に、各地で缶詰の需要が広まった。１８２０年代にはアメリカにも渡り、南北戦争時には軍の主食として重宝された。

日本で缶詰が作られたのは、ニコラ・アペールが缶詰のルーツとなる瓶詰の方法を考案してから約70年後の、1871年（明治4年）。松田雅典という人物が、フランス人の指導者に習ってイワシの缶詰を作ったのが最初である。

その後、北海道でサケの缶詰が作られるようになり、日本国内で本格的に缶詰が広まった。サケの缶詰を作る石狩缶詰所を創業し、缶詰の製造をスタートさせた10月10日は、現在「缶詰の日」に制定されている。

めん類にさし水は不要

めん類をゆでるとき、沸騰してきたら、さし水を3、4回することは、昔からの常識として、現在も行なわれている。しかしやたらに水をさしたのでは、折角沸騰してきたものを冷やすことになり、燃料の無駄になるし不合理なことだ。

さし水が行なわれたのは、昔、まきで煮たきをした頃、火加減がむずかしくて、めん類などをゆでる場合、沸騰してくると、すぐ吹きこぼれてしまうので、水をさして吹きこぼれないようにしたものだ。

現在のようにガスコンロの場合は、どのようにも火加減ができるので、水をさす必要はなく、燃料と時間が節約できる。

ゆで卵の黄身の周りの黒緑色は何か

ゆで卵を割って、白身と黄身がきれいに離れたところを見ると、黄身の表面がうすい黒緑色になっている。これは白身の硫黄を含むシスチンというアミノ酸が、加熱分解してできた硫化水素に、黄身に含まれている鉄が結びついて、硫化第一鉄となり、白身に触れている黄身の表面が変色したものである。ゆで卵を割ると、硫黄泉のような臭いがかすかにするのは、わずかに発生した硫化水素によるものである。

なおアルミ鍋でたびたび卵をゆでると、黒ずんでくるので、ホーローなべでゆでた方がよい。

料理屋の盛り塩の意味

料理屋の門口に塩が盛ってあるのを見かけるが、これは盛り塩といい、その起源は7世紀の中国にある。

唐の太宗のときかかれた『晋書』という歴史書（648年完成）に「帝は寵妾が多く、彼女らを連れていつも羊車で街に出かけられた。宮仕えの女は竹の葉を車の戸に挿し、塩汁をまいて羊車を引いた。竹の葉も塩汁も羊の大好物だったからであろう」とある。

それで、料理屋では羊の大好きな塩を店先に盛って羊を呼び、羊が塩をなめている間、車上のかたに店でお休みいただこ

盛り塩 ©Show ryu

うというわけで、盛り塩が始まったものらしい。

羊はめでたい意の祥に通じ、また善にも通じるので、羊車は善車、すなわち善く飾った車の意で、昔中国の宮中で用いた羊に引かせる美しく飾った車のことである。

せい高コック帽の歴史

調理中髪の毛がたれて、食べ物に入ることのないように、何かをかぶっていることはよいことだ。しかしあのように高い、実用的とも思えない帽子をかぶるのはなぜだろう。

フランスでは17世紀まで、コックは階級によって違った大きさと色のかぶりものをかぶっていた。

ウィリアム・オルペンの描いた料理人
高い帽子を被っている

18世紀にあるシェフが色を統一して、頭頂部が大きくて風通しのよいものを要求した。調理場は暑くて汗が流れるからだ。高くするにはある程度の固さがなければならない。それにぴんと立っている方が威厳もあるというので、中にボール紙を入れたが、今では澱粉糊で固めてあるそうだ。色も衛生的な白に統一されて今日のようなものになった。

テーブルナイフの先が丸いわけ

会食者の1人が何かの事情で、突然同席の人をテーブルナイフで刺すようなことのないように、先が丸くなっていると誰もが考えるだろうが、他に理由がある。

昔のテーブルナイフは先がとがっていたが、1630年頃、先の丸いテーブルナイフがフランスに現れた。

当時、食事の終りにナイフの先で歯を掃除する悪い習慣があった。それを嘆いたルイ13世の宰相リシュリュー枢機卿は、この習慣をやめさせようとしたが、なかなか効果がなかったので、給仕長にナイフの先をやすりで丸くするよう命じた。

多くの貴族もこの方法を取り入れ、先を丸くしたナイフを業者に作らせるようになった。

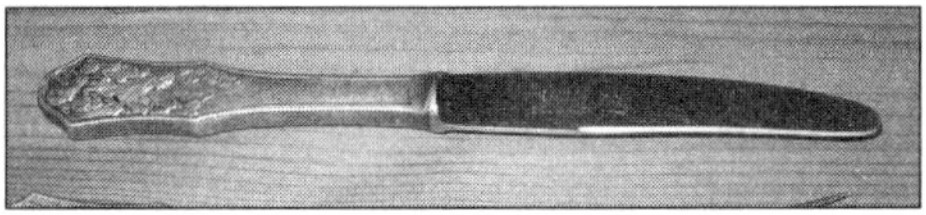
先端の丸いテーブルナイフ ©Roger McLassus 1951

ドーナツの穴はなぜある

ドーナツは1847年、ニューイングランドの船長ハンソン・グレゴリーが初めて作った。中を抜いて輪のようにしたのは、焼くとき、熱が良く通るようにしたためという者もいれば、船を操舵している間、舵輪の取っ手に2、3個掛けておくためだったという者もいる。

ハウス野菜に含まれる硝酸塩

ハウス野菜には硝酸塩が多量に含まれているという。硝酸塩というのは硝酸ナトリウム、硝酸カリウム、硝酸カルシウム、硝酸マグネシウムなどの総称で、大量に摂ると有害で、発ガンにもつながる。

野菜に含まれる硝酸塩は、窒素肥料が土の中のバクテリアの作用で硝酸化されて根から吸収されたもので、堆肥をあまり使わず、化学肥料を沢山使うと硝酸塩がふえる。

硝酸塩は光合成で分解されるので、露地栽培なら含有量が軽減される。

しかし、ハウス栽培では日照不足のうえ、短期促成栽培するので硝酸塩が多く蓄積される。

硝酸塩はハウス栽培野菜の中でも特に小松菜、ホウレン草、パセリ、春菊などの葉物野菜に多く含まれ、豆類や果物には少ない。

ホウレン草のハウス物は緑色があざやかで、葉がすんなりと伸びているので、露地物とはすぐに見分けがつく。ビタミンCもハウス物は露地物に比べて、半分以下のこともある。

フランス料理はフランス発祥ではない

世界三大美食といえば、中華料理、トルコ料理、そしてフランス料理である。いずれも大帝国時代の宮廷料理に端を発し、周辺地域の料理を取り入れたり多くの料理人がその腕を競わせながら発展したという伝統と歴史ある料理だ。特にフランス料理は日本でも人気が高く、おしゃれなディナーを楽しみたいならフレンチを、と思う人も少なくないだろう。

ただ、現在のフランス料理はフランスで生まれたものではなく、元をたどればイタリア料理にあるのだという。

さかのぼること16世紀、当時のフランス王国皇太子アンリ2世が、イタリア・フィレンツェの豪族メディチ家のカトリーヌ・ド・メディシスを王妃として迎えたのがきっかけだ。

その頃のフランス料理というのは、火を通した食材を大皿にのせ手づかみで食べるという非常にシンプルなもので、すでに食の文化が花開いていたイタリアとは雲泥の差があった。そこでフランスに嫁ぐことになったカトリーヌは、自分のお抱えの料理人や給仕人、フォークやスプーンといった食器類、そして調理器具や調理方法を持ち込んだそうだ。

こうしてイタリアから持ち込まれた料理の影響を受け、フランス料理は発展を遂げた。とはいえそれを享受できたのは上流階級の人々に限られ、一般市民が口に出来るようになるには18世紀のフランス革命を待たなければならなかった。

一品ずつ料理が運ばれてくる形式も、フランスの料理人がロシアの貴族に料理を提供するとき、料理の味を損なわないためにロシアでの給仕法を取り入れて生まれたという。

今日の私たちの目の前に出される一皿には、さまざまな地域の食文化が詰まっているのである。

05 体と健康の知的雑学

「くしゃみ」はまじないだった

くしゃみは鼻の中に入ってきたものに、鼻の中の粘膜が刺激され、それを外に出そうとして、鼻や口から息を勢いよく吹き出す生理現象で、鼻アレルギーの人は、花粉やほこりを吸いこんだときによくくしゃみをする。

　くしゃみは単なる防御反応にすぎないが、昔からくしゃみをめぐって、迷信や伝説がある。われわれはくしゃみをすると、「誰かがうわさをしているかな」くらいに軽く考えているが、昔はそうではなかった。

　くしゃみのことを「くさめ」ともいうが、これはもともとはくしゃみをしたときの、まじないの言葉、休息万病《くそくまんびょう》がつまったもので、この「くさめ」が「くさみ」「くしゃみ」となった。「くしゃみをする」ことは昔は「はなひる」（「ひる」は体外に出す意）といって、不吉なことと考えられていた。

　徒然草四七段に、清水寺への参詣の途中、道々「くさめ、くさめ」といい続けている年とった尼さんの話がある。

　なぜそんなことをいうのかと聞かれて、「くしゃみをしているとき、すぐに「くさめ、くさめ」とまじないの言葉をいわないと、死ぬというから、お育てした若君のために、いつでもこのようにまじないの言葉をいっているのですよ」と答えている。平安時代の人たちも、くしゃみをするのは悪いことのおこる前兆として、ひどくきらっていたようである。

西洋でも16世紀の終りごろ、イタリアに疫病がはやったとき、教皇グレゴリー13世は、くしゃみをした人に対して、「神の恵みがありますように」と言うように命じた。くしゃみは死の前ぶれと考えられていたからである。

それ以来西洋ではくしゃみをすると、この言葉を口にする習慣になったとのことである。もっと古いギリシャ、ローマの時代にも、くしゃみを危険の兆候と考えていた。

教皇グレゴリー13世

インド、アフリカ、ペルシャでも、また北米インディアンの間でも、くしゃみをするのは悪霊があたりをさ迷っている証拠だと考えた。

スペイン人がフロリダに着いたとき、インディアンの酋長がくしゃみをすると、一同両手をあげて、災いをお払い下さいと、太陽に嘆願しているのを見たそうである。

古い時代には、からだの急激な変化に危機感をいだき、悪い予兆と考えたのだろう。

あくびが伝染するわけ

あくびは眠いとき、退屈なとき、疲れたときなどに、不随意的に起こる呼吸運動で、血液中の酸素が欠乏したときに起こる。

それで、より多くの空気を肺の中に吸い込もうとして、大きな口を開けるが、口の筋肉が大きく伸ばされるので、あまり引き伸ばされないよう、脳から収縮しろと命令が出される。このとき脳は強く刺激され、眠気が醒まされるというわけだ。

あくびの出るような環境は、締めきった部屋の中で、会議をしているような場合が多く、だれかが一人あくびをすると、だれもあくびを必要とする状態にあるので、つられてあくびをするというわけで、あくびが伝染するかのように思われるのである。

人だけではなく犬や猫もあくびをする ©Ow00wo

授業中あくびをするとしかられるが、これはなんとかして眠気を醒まして起きていようとする努力の表れだということを先生にわかってもらいたいものだ。

鳥肌はなぜできるのか？

寒気を感じてゾクゾクするとき、鳥の毛をむしり取った後の肌のように、皮膚がぶつぶつになる現象を「鳥肌が立つ」という。

寒くてゾクゾクするとき、どうしてこのようになるかというと、毛穴の周辺にある立毛筋が、強い寒さの刺激や恐怖により、収縮してできるもので、これにより寝ていた毛が立つわけだ。

私たちの遠い昔の祖先が裸で暮らしていた頃、全身にたくさん毛が生えていて、これが自然に立って、空気の層をつくり、保温に役立ったものだ。

現在の私たちのからだには目立たない産毛が生えているが、寒さや恐怖を感じたとき遠い昔の機能が残っていて、自律神経によりこのような現象が起こるのである。

英語でも鳥肌のことをgoose flesh（がちょうの肌）という。

スパイスが汗をかかせるわけ

唐辛子、胡椒のような香辛料を感じる口の中の神経は温度もまた感じる。それでこの神経は、スパイスのきいた物を食べた時、脳に信号を送るが、スパイスのためか熱い物を食べたためか分からず、脳は温度を下げる手段として、汗を出させるというわけだ。

我慢したおならのゆくえ

小腸には繊維分を分解する酵素がないので、繊維は大腸へ行って分解され、そのさい発酵し、ガスを発生させる。

繊維分の多い食品をたくさん食べると、腸内ガスの発生も多くなる。

このさい水素ガス、メタンガス、エタンガスが多量に発生するが、あまり強いにおいではない。

ねぎ、にんにく、にらなどの硫黄分の多い食品を多くとると、大腸で分解されるときに腐敗し、インドール、スカトールなどかなりにおいの強いおならになる。

そのほか胃、腸、肝臓、胆道、膵臓の病気や抗生物質その他の化学療法剤で腸管内の細菌群のバランスがくずれた場合、たん白質腐敗による鼻をそむけたくなるような不快なにおいのおならが出ることがある。

腸内発生ガスの量が多いと、肛門から排出されこれがおならになる。

しかし我慢すると、腸管から吸収されるガスの量もふえ、血液の中に入り、一部は肺から、その他は種々の組織で代謝され、腎臓で尿に溶けて排出されるが、時として方々の組織に悪影響を及ぼすことになるので、あまり我慢しないほうがよい。

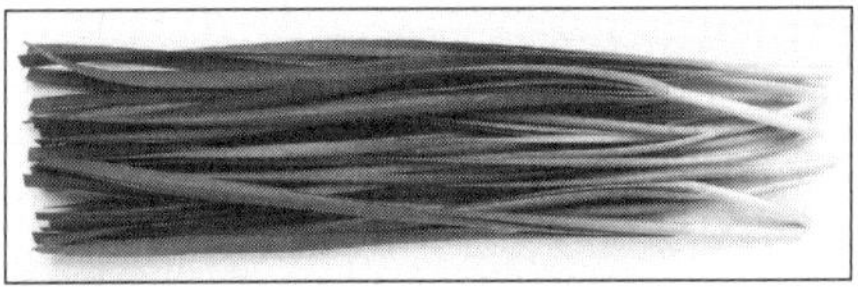

にらなどを食べるとにおいが強くなる ©RayAYang

日本人は遠慮して我慢しがちだが、外国人は自然現象と考えあまり遠慮しないそうだ。

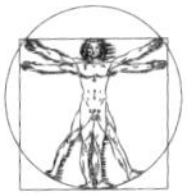

冷や汗はなぜ出るのか？

恥じ入ったり、恐ろしいとき、気をつかうとき、緊張したときに、わきの下、手のひら、足の裏にかく冷たい汗のことを冷や汗という。この汗は暑いときに全身にかく汗とちがって、精神的緊張によってかくもので、精神性発汗という。

なぜ冷や汗が出るのかというと、危険が身にせまったいざというとき、手足が接触する物との摩擦を増し、すべりにくくし、作業が的確にできるように、適当な湿り気をもたせるためのものだ。

手作業をするとき、手につばをして道具をにぎることがあるが、からだのしくみが無意識のうちにやってくれるわけだ。

私たちは靴下や靴をはいているので、効果はほとんどないが、いつもはだしの動物はこの汗のおかげで滑らずふんばれるのである。

遠い昔の私たちの祖先も、危険を避けるために木に登って逃げたと想像される。

このようなとき滑らないように、また木の枝がよくにぎれるように、自然に手足に汗が出るようになったもので、これが今日の私たちに残っているものと思われる。

緊張するとトイレに行きたくなるわけ

入学試験や入社試験などの直前に、尿意を感じてしばしばトイレに行きたくなるのは、膀胱に尿が溜まったためではなく、緊張して自律神経のはたらきが亢進し、反射的に膀胱の収縮を促すため、その収縮を大脳皮質が、あたかも膀胱に尿が溜まっているかのような錯覚をおこし、尿意をもよおすというわけだ。

排尿の仕組みには大脳が関係しているので、神経質な人はちょっとしたことで、排尿に影響を受けやすい。前立腺肥大で排尿に時間のかかる人が、背後からせかされると、ますます出が悪くなったりする。またバス旅行で、トイレ休憩まで長時間排尿を我慢したため、突然尿閉に陥ることもあるなど、膀胱をつかさどる神経がさまざまに作用するようだ。

睾丸がからだの外に出ているのはなぜか？

精子を作り、男性ホルモンを生み出す睾丸は陰嚢《いんのう》に納まって、からだの外にある。他の臓器がからだの中にあって、守られているのに、この大切な器官が外にぶら下がっているのはなぜだろうか。

性科学者の話だと、陰嚢の表皮には温度調整の働きがあり、寒いときには、ちぢまって面積を小さくし、腿の間にはさまれて暖をとる。それに都合がよいように、2つの睾丸は横の方向にやや平らな丸形で、高さも少しちがっている。

非常に暑いときには、たるんでだらりと下がっている。表面のしわは、ラジエターのように表面積を大きくして放熱効果を上げている。

このように陰嚢は睾丸を一番よく働ける温度35度に保つ役目をしている。35度に保たれていた精子が37度あるいはそれ以上の女性の体内に放出されると、卵子と結ばれるために活発に動きだすわけで、常に37度の睾丸の中にいたならば、精子はだめになってしまうだろう。

からだにぴったりしたブリーフやジーパンなどを、蒸し暑い季節に身につけることは、自然の理に反することで、種族保存のためにもやめたほうがいいのかもしれない。

台風が近づくとふしぶしが痛むわけ

台風が近づくと関節や古傷が痛む人がいる。このような人は痛み具合で天気の予報をしたりする。台風が近づくことは、低気圧が近づくことで、気圧の変化は私たちのからだに様々な影響を与えるようだ。

重い病気でからだが極度に弱っている人は低気圧が続く時には具合が悪くなるそうだ。気圧が下がると副腎からアドレナリンが出、交感神経の活動が活発になって血圧は上がり、心拍数もふえると言われているが、痛みとの関係はどうだろうか。

名古屋大学の環境医学研究所では、前もって軽い神経痛の状態にしたラットを使い、気圧を変化させ、痛みを感じた時のラットの姿勢の変化を観察して、低気圧が痛みを起こさせることを実験で確かめている。

気圧が下がると、副腎から出るノルアドレナリンの血中濃度が上昇するそうで、このホルモンが痛覚線維を刺激し、痛みを感じさせるということだ。

右利きと左利きの違い

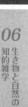

右利きの人が多いので、私たちの社会は右利きに便利なようにできている。缶切り、切り出しナイフ、包丁、はさみ、電話機、自動車、自動販売機からレストランのナイフとフォークの

並べかた、競技場のトラックやスケートリンクの左回り、字体等々、左利きの人には苦労も多いことと思うが、直接苦情を聞いたことはない。馴れているからだろうか。

人類が立って歩くようになり、前肢（手）が歩行から解放されて、別の働きができるようになり、脳の発達と共に細かい動作が可能になった。右をよく使うようになったのは、心臓が左に寄っているため、原始時代に攻撃したり、身を守ったりするうえで、右手を使うほうが都合がよかったからと思われる。

乳児のときは左右の片寄りはないが、1年の終りころ立って歩けるようになるとどちらかを使いたがるようになる。児童の間は左利きは25パーセントくらいあるが、成長するにつれて数パーセントに減少する。これは教育されるからだろう。

左利きを右利きに転換することは、どちらの手も不器用になって、脳の働きまで低下させるというが、これはじゅうぶんなデータがないので、何ともいえないようだ。

利き手の矯正は3、4歳頃までにしないとだ

レオナルド・ダ・ヴィンチ『レダの頭部習作』。ダ・ヴィンチの描画の多くに見られる陰影をつけるために書かれた描線は画面左上から右下への斜線になっており、彼が左利きであることがうかがえる

んだん困難になってくる。

統計では左利きのほうが短命のようだが、これは右利き用に作られた機械の操作の不手際による事故死が多いからだろうと言われている。

左利きの有名人ではミケランジェロ、ダ・ヴィンチ、アインシュタインなどがいる。

乗り物酔いのメカニズム

遠足や旅行と言えば本来楽しいイベントのはずだが、乗り物酔いしやすい人にとっては憂鬱なものだ。なぜ乗り物酔いが起こるのだろう？

乗り物酔いは、専門的には「動揺病」「加速度病」と呼ばれる。乗り物が発する振動が原因で、耳の中にある三半規管や耳石がバランスを取れなくなり、めまいや吐き気、頭痛などが起こる。

三半規管は人の平衡感覚を保つ大事な器官で、私たちがまっすぐ歩けるのは、三半規管が脳へ「まっすぐ歩け」と指令を出しているからだ。

ところが乗り物に乗って座っていると、体は落ち着いているのに前後左右に揺さぶられるという状態になる。すると三半規管はバランスを崩し、脳へうまくバランス感覚を伝えることができなくなる。指令が伝わらない脳は自律神経を乱し、内臓にも影響を及ぼす。そのため吐き気などが起きるのである。

乗り物酔いを避けるには、乗車前に睡眠や食事をしっかり取っておくことが大事だ。乗車中の読書やゲームは控え、寝てしまうのが一番良いだろう。すぐ通り過ぎる手前の景色より、空や山といったあまり動かない景色を眺めているのも良い方法だ。

過度の運動はからだによくない

適度の運動はからだにいいが、度がすぎるとかえって害になる。スポーツマンが案外病気になりやすく、若くて亡くなったりする。

これは、筋肉、腱、靭帯、関節といった一連の組織は適度の運動なら、血行もよくなり、筋肉に酸素が多く送られ、脂肪が燃焼されるが、激しい運動になると、脂肪は燃焼されず、エネルギー源のグリコーゲンが消費され、免疫機能まで影響を受け、リンパ球も減ってしまうからである。そのため病気に対する抵抗力も弱くなり、細菌やウィルスに侵されやすくなるというわけだ。

過激な運動をしたあとのリンパ球の数は20パーセントくらい減っているそうだ。また一流の運動選手ほど、伝染病にかかった場合の死亡率が高いという統計もあるとのことだ。

老人の睡眠時間は短くてもよいわけ

睡眠には「レム睡眠」と「ノンレム睡眠」の2種類がある。レム睡眠はからだは休んでいるが、脳は活動している状態で、「からだの睡眠」とも言われる。ノンレム睡眠は筋肉の緊張はある程度保たれているが、大脳の活動は休止しているので「脳の睡眠」と言える。

ノンレム睡眠は寝つくとまもなく現れ、深い眠りになるのが普通で、この時脳は休まる。一晩の眠りにはノンレム睡眠とレム睡眠とが交互に現れ、2つを合わせて約90分を一周期として、一晩に4、5回繰り返される。脳がじゅうぶん休まると、次第にレム睡眠の割合が増えて目が覚める。

健康な人の場合、眠り始めてから1時間で、脳下垂体から成長ホルモンが盛んに分泌され、疲労が回復される。じゅうぶんな睡眠はからだの免疫力を高める副腎皮質ホルモンの分泌を促し、病気に対する抵抗力を強めてくれる。

新生児期、小児期は脳や神経をはじめ、からだが急に発達する時期だから、長い睡眠がその成長に役立つわけで、「寝る子は育つ」というのはもっともなことだ。なお女性のほうが男性よりもよく眠るそうである。

20歳前後になると、からだの発育、発達がほとんど終り、1日に消費されるエネルギーの補給だけですむので、睡眠時間は子どもの時ほど多くなくてもよい。60歳を過ぎると運動量も減るし、エネルギーの補給も少なくてすむので、少ない睡眠時間でも生活にさしつかえなくなる。

暗い場所でも目が慣れるわけ

真っ暗な所では当然何も見えない。だが少し時間が経つと、ぼんやりと周りが見えてくる。

いわゆる「目が慣れる」状態だが、なぜこのようなことが起こるのだろう？

暗い所で目が慣れることを「暗順応《あんじゅんのう》」と言う。目の角膜と水晶体の合間には「虹彩《こうさい》」という部分があり、真ん中には瞳孔が開いている。

虹彩は光の量をコントロールする働きを担っている。明るい場所では光を取り入れる量が少なくても見えるので虹彩が縮み、瞳孔が小さくなる。

逆に暗い場所では光を多く取り込もうと虹彩が広がり、瞳孔が開く。つまり周囲の明るさに虹彩が順応しているのだ。暗い場合のこれが「暗順応」というわけだ。

猫の瞳孔は丸型の人とちがい、スリット状になっている ©Saperaud~commonswiki

パソコンの影響で目は悪くならない

今からパソコンのない生活に戻れと言われても、大半の人は不可能だと考えるだろう。それだけ現代人にとって密接なものだが、一方で、パソコンやスマホの利用で視力が低下すると言われているのは悩ましいところである。

しかし、これは大きな誤解。パソコンやスマホを使うことが、視力低下の原因ではないのである。パソコンやスマホで視力が悪くなるのは、液晶画面のせいではなく、同じ距離で長時間画面を見るから。目のピントを合わせる筋肉が弱くなり、その結果、視力が低下するのだ。

　視力の低下を防ぐには、目への負担を減らせばいい。同じ距離で長時間ものを見るのではなく、一時間に数分程度、時間がなければ1分でも休憩をはさんでもらいたい。目を閉じて眼球を動かしたり、遠くを見てピント機能を働かせたりすることで、目の疲労感を軽減することができるはずだ。

女性はなぜ長生きか？

　どこの国でも女性のほうが寿命が数年長い。また動物もメスのほうが長生きのようだ。その理由について、昔から色々言われているが、どれも科学的に見て納得しかねる点がある。それで、医者であり生理学者でもある杉靖三郎氏の説を紹介しておこう（『ストレス養生訓』保健同人社より）。

　杉氏はカナダの生理学者セリエのストレス学説を紹介し、女性は副腎皮質の機能が男性よりすぐれているから長生きだと言っている。

　ストレス学説を簡単に説明すると、われわれが外部から刺激を受けると、間脳が反応し、つぎつぎに刺激を脳下垂体、副腎皮質へと伝えていく。

　そしてその刺激に対応するホルモン系の反応が起こり、健康やからだの安定を保ってくれるのだが、この機構がそこなわれ、ホルモンのバランスが乱れると病気になるというわけだ。それで副腎皮質の機能が良いということは、外部からの刺激に対してうまく反応し、からだを健康に保ってくれることになる。

副腎というのは、2つある腎臓のそれぞれの上にのっている5～7グラムの器官で、中心に髄質があり、その上をおおって皮質がある。生命の維持に欠かせない器官で、摘出すると1、2週間で死亡するそうだ。

副腎皮質は糖質ホルモン、性ホルモンを分泌し、髄質は血管を収縮させ血圧を上げるアドレナリン、ノルアドレナリンを分泌している。

なお女性のほうが脳下垂体も大きく、妊娠を繰り返すごとに大きくなるそうだ。

それでホルモンの分泌の旺盛な副腎皮質の働きとともに、外からの刺激に対する抵抗力も、男より強くなるので長生きするという。これは恐らく子どもを産んで、子孫を残すため、自然にそうなっているものと思われる。

蚊に刺されてかゆいのはなぜか？

オスの蚊は果実などの汁しか吸わないが、メスは吸血しないと卵が成熟しないので、温血動物を襲って血を吸う。人間の血を吸うのはこのメスだけだ。

メスの口は細長い管状のくちばしになっていて、中にのこぎり状のギザギザが先についた針と、唾液を注射する管がある。

皮膚にとまると、針のギザギザで傷をつけ、そこにくちばしを差し込んで唾液を注射する。この唾液には血が固まらないようにする物質が入っていて、これがかゆみを起こさせるのだ。

蚊は血を充分吸って飛び去るとき、注射した唾液を血液と一緒に吸いもどすので、蚊が血を吸っている最中にたたきつぶすと、唾液が残ってしまって、かゆみを感じることになる。

蚊が唾液を注射して、まだ血を吸い始めないうちにつぶしたら、唾液がすっかり残るのでかゆみはいちばんひどい。

蚊が血を吸い終わるまで待てば、唾液も吸いもどしてくれるので、かゆみは少ないわけだが、吸い終わるまで待っていられるものでもない。

火傷のとき アロエを塗るべきではない

アロエはユリ科アロエ属の多肉植物の総称。ギザギザで細長い肉厚の葉が特徴だ。

アロエヨーグルトなどをはじめとした食用に使われるのは、主にキダチアロエやアロエベラという種類で、一般家庭で育てている多くも、このキダチアロエである。アロエベラは欧米でもともとハーブとして利用されていた種類だ。

一方、医薬品として用いられているのは、アロエフェロックスやアロエアフリカーナといった種類。胃の不調や便秘などに効き、「医者いらず」とも呼ばれている。

さて、「ヤケドをしたらアロエを切って貼れ」とはよく言われる話だが、これはほとんどの場合が、アロエに含まれる水分で冷却・保湿された結果、痛みが引いているだけである。わざわざアロエを切って貼る必要はなく、かえって逆効果をもたらしてしまうこともある。

というのも、植えている生アロエを切って貼ると、土やアロエ自身が持っている菌が傷口に付着したり、アロエの繊維質が傷口にからまって、剥がす時に痛みを伴うことがあるのだ。こういった面からも、アロエを直接貼るのは避けた方が良い。

ヤケドをしたら、すぐに流水で痛みが引くまで冷やす。この時衣服が患部に触れていたら脱がずに服の上から冷やそう。痛みが引いたら、すぐ病院へ向かうのが賢明だ。

こむら返りが起こるわけ

「こむら」とは、ふくらはぎのこと。ふくらはぎが突然けいれんをおこし、筋肉がひっくり返ったかと思われるほどの激痛を感じるので、「こむら返り」というのだろう。

疲労が誘因のこともあり、ウォーミングアップ不足でスポーツをしたとき、あるいは就寝中に足を伸ばしたときなどにもおこる。

一過性の筋肉の収縮だから、こむら返りになったときは、ふくらはぎの筋肉を伸ばすように足を伸ばし、つま先を手前に強く引っぱれば、けいれんも苦痛も幾分はやわらぐ。筋肉の収縮が治まったらマッサージをすればよい。

しかし水泳中におこった場合、泳ぎに自信のある人でなければ、水中に沈みながらこのような芸当は中々できないので、水に入る前に充分準備体操をする必要がある。

こむら返りのおこるわけは、次のように考えられている。

ふくらはぎに通じる神経は第４、５腰椎と、その下に続く第1、2、3仙椎から、椎間孔を通って出ている。この部分は絶えず体重がかかっている所であり、特にお年寄りは孔が狭くなっているので、神経が圧迫され、栄養不良の状態になっていて、ちょっとした刺激でも過敏に反応し、急激な筋肉の収縮をおこすことがあるという。

　海で泳ぐ場合も、冷たい水とふだんと違った筋肉の動かし方などが刺激になって、けいれんをおこすようだ。

　就眠中の発作予防には、ふくらはぎの神経の出ている腰の部分を冷やさないようにし、寝る前にふくらはぎをマッサージして、足首を動かし、ふくらはぎの筋肉を伸ばしたり縮めたりするとよいようだ。

お茶を頻繁に飲むと風邪予防になる

風邪は万病の元、と言うように、ひきはじめの風邪を放っておけば、免疫力が低下し、別の病を呼び込む危険がある。

　しかも、風邪のウイルスは200種類以上あると言われており、インフルエンザのように予防接種で防ぐことはできない。健康に過ごすには、定期的な予防が必要不可欠だ。

　それならマスクを使えばいい、と思う方もいるかもしれない。しかし、風邪のウイルスはマスクを通過するほど小さいため、対策としては不充分だ。

　ではどうすればいいのか？　実は、お茶を頻繁に飲むだけで、風邪をひきにくくなるのだ。

といっても、お茶の成分がウイルスを殺すわけではない。ウイルスを胃まで流し、胃酸で殺すのである。

そもそも風邪は、鼻や喉の炎症のこと。炎症は乾燥によって悪化する。鼻やのどに潤いがないと、防御機能を果たす粘液が乾燥し、炎症を起こしてしまうのである。

お茶に限らず、水でも乾燥は防げるので、定期的な水分摂取を忘れないでおきたい。

ガンは遺伝要素よりも生活習慣の影響が大きい

一般的に、がんのかかりやすさは、遺伝的要素が大きいと思われている。

「自分は大腸がんの家系だから将来が心配だ」という話はその典型例だ。

確かに、大腸がんや皮膚がん、乳がんなどは遺伝によって次世代に受け継がれる可能性がある。しかし、遺伝によるがんの発症は、意外にも少数派だ。遺伝性のがんは全体の数%に過ぎず、遺伝性の強いといわれる大腸がんでも約5%にとどまる。そもそも、がんとは「発がん物質によって傷つけられた遺伝子」のことで、それ自体が遺伝するのは極めて稀だ。

多くの場合、がんを発症する原因は、生活習慣に求められる。飲酒、運動不足、食事バランスの乱れなど、日々の生活の結果にがんの原因は潜んでいるのだ。同じ家系から同じがんを発症するケースがあるのは、同じような生活環境にずっといるからだと考えたほうがいいだろう。
つまり、生活習慣を改めれば、がんのリスクを抑えることができるのである。

腰痛の解消にはストレッチがいい

厚生労働省の研究班の調査によると、日本全国には２８００万人もの腰痛患者がいるという。中でも60代は男女ともに患者が多く、全体の４割を占める。

症状が深刻な場合もあるが、大部分の人は筋筋膜性腰痛と呼ばれる腰痛に分類される。筋肉が硬くなったり、血行が悪くなったりすることで腰に痛みを感じるようになる症状だ。

この腰痛の場合は、ストレッチをすることで症状を改善することができる。コルセットでも痛みを抑えることはできるが、腰の筋肉や血行の状態は変わらないため、根本的な問題解決にはならない。むしろ、コルセットに頼りすぎると腰痛の症状が悪化する恐れがある。面倒であっても、自分の筋肉で腰を支えられるようにすべきである。

漢方薬にも副作用はある

そもそも漢方薬とは、中国の「伝統中国医学」が日本へ伝わり、独自に発展した「漢方医学」に基づいて処方された薬のこと。植物など自然のものを材料にした薬が多く、葛の根を煎じる葛根湯は、風邪薬として有名だ。

漢方薬は「体にやさしい」という印象がある。確かに化学物質を調合した薬に比べると、副作用は格段に少ない。

しかし実は、漢方薬に副作用がまったくないとは言い切れないのだ。

漢方薬による副作用で多い症状は、下痢・めまい・食欲不振・腹痛など。甘草・附子・地黄・大黄などが含まれる漢方薬は、副作用を起こしやすい。

だが、副作用があるからと言って「使いたくない」と思うのは早計だ。

中国には「無毒不薬、無薬不毒」という言葉がある。「毒性のない薬などない、薬に毒性のないものなどない」という意味で、毒性を利用した漢方薬もあることを示している。

オーガニック食品は特別からだにいいわけではない

高くてもカラダにいい食品を食べたい。そんな思いでオーガニック食品に手を出す人は少なくない。化学肥料や農薬、抗生物質を使わないため、確かにカラダによさそうだ。

しかし、オーガニック食品の先進国・アメリカから、そのイメージを覆す研究結果が発表された。過去のオーガニック食品に関する２００以上の研究を再検証した結果、栄養面に関して、一般の食品よりもオーガニック食品が優れている点は見当たらなかったというのだ。

ただ、補足しておくと、栄養面は普通でも、オーガニック食品が無意味だというわけではない。抗生物質を使うとその抗生物質に耐性をもった菌やウイルスが発生する可能性があるが、オーガニック食品ならその心配はいらない。環境にいいという意見も間違っていない。

だが、なんでもかんでも効果があると思うのは、明らかにいきすぎだ。オーガニックだからと安易に飛びつかず、食事のバランスをとることを優先したいところだ。

加工肉を食べすぎると心筋梗塞のリスクが上がる

ハムやソーセージなどの加工肉は、調理に手間を加えず簡単に食べることができる。肉と比べて油が少ないようにも見えるため、よく買うという人もいるのではないだろうか。

しかし、手軽さに惹かれて食べ続けると、病気のリスクが上がるかもしれない。

ハーバード大学の研究者が、加工肉を1日50グラム食べ続けると、心臓病や糖尿病発症に繋がる可能性があると指摘しているからだ。50グラムというとソーセージ1本分である。

ただ、平均で13グラムしか摂取していない日本人の生活スタイルなら、今のところリスクはあまり高くないと言えるだろう。

加工肉のとりすぎには注意しよう ©Andrew c

サウナのデトックス効果は乏しい

汗を流しカラダから毒素を排出するためにサウナに行く人は多い。カラダが温まるし、すっきりして気分も良くなるため、一度はまるとなかなか止められないものだ。

　確かに、毒素がカラダにたまると酵素やホルモンの働きを阻害すると考えられているため、排出するのは大事なことだ。だが、問題はその方法にある。サウナでいくら汗を流しても、カラダからは大して毒素を排出することができないのだ。

　そもそも毒素は、便から70％、尿から20％が排出され、汗からは全体の３％程度しか排出されない。そんな状態でいくら汗を流しても、効果は高が知れている。同じように、半身浴や岩盤浴などで汗をかいたとしても、毒素排出効果は微々たるものだと言わざるをえない。

　毒素を排出したいなら、便秘にならないよう、食物繊維が豊富な食事をとるようにしたほうがいいだろう。

からだにいいストレスもある

ストレスの増加は心身に支障をきたし、うつや食欲不振、動悸など、挙げればキリがないほどの病気を引き起こしかねない。

　一方で、ストレスがいい影響を与えることもある。ストレスによってカラダが緊張することで、とっさに行動をとりやすくなったり、脳の回転が速くなって作業を効率化できたりするのだ。

そもそも、人間がストレスを感じるのは、狩猟採集時代の名残だと考えられている。獲物を狙うとき、もしくは狙われているとき、カラダと脳をきちんと働かせることができなければ、自分が命を落とすかもしれない。

そこで、心身を一時的に緊張状態にするために、人間はストレスを感じるようになったと考えられているのだ。

ただ、現在は狩猟採集時代とは異なり、ストレスは常に降りかかってくる。過度なストレスに悩んでいる人は、カウンセラーへの相談を検討しよう。

睡眠時は靴下を履かないほうがいい

寝るときに足元が冷えるのを防ぐため、靴下を履いて眠っている人がいるが、いい睡眠をとりたいなら、素足で寝たほうがいい。靴下を履いて寝ると、一時的には足を温める効果があっても、結局睡眠の質を落としてしまうのだ。

それは靴下を履くことで足首がしめつけられ、血行を悪くしてしまうからである。血の巡りが悪くなると、体温調節機能が働きにくくなる。また、靴下は足に密着しているため、熱がこもって汗をかきやすくなる。すると、その汗を靴下が吸収して、逆に足を冷やしてしまうこともあるのだ。

入浴や運動で温めるのが面倒だという人は、靴下ではなく、レッグウォーマーを使うことをオススメする。足首が温まることで血行がよくなるため、足先も温かくなるはずだ。

日本人は「低燃費」で動く

長寿で知られている沖縄で、最近男性の平均寿命が急に短くなったということを聞いた。これは生活がアメリカナイズされて、脂肪分の多い食物をとるようになったからだろうと言われている。

第二次世界大戦中、当時の同盟国ドイツから学識者たちが来日したことがあった。

その一行の一部が、静岡県三島市の龍沢寺に寄って修業僧の粗食を見たとき、少ないカロリーでどうして生きていけるのか不思議に思ったそうだ。精神状態によって、体内に何か生成されるのではないかという人もいたという。

日本人をはじめとするモンゴロイドは、食糧の確保が困難な厳しい環境を生き抜いた種族の子孫だ。少量のカロリーで高い血糖値を維持することができ、その上、余分なエネルギーを摂取したときには、効率よく脂肪として体内に蓄えることができる。

わたしたち日本人には、「節約・蓄財型」の体質がひき継がれており、いわば少量のガソリンで走る低燃費の車なのだ。

はるか昔、モンゴロイドがシベリアからベーリング海峡を渡って、南米の先端までたどりつくことができたのも、そんな体質を獲得していたからだろう。

現在、アメリカの先住民は豊かに暮らすようになったが、そのおかげで糖尿病に悩まされている。同様に豊かになった日本人も、糖尿病人口が急増している。いわば、低燃費の小型車にハイオク・ガソリンをジャブジャブ注いでいるようなものだ。車ならそれでもいいが、我々は、本来、たいへん経済的な体質なのだから、食べすぎて病気になったり、命を縮めたりするのはもったいない。

江戸時代の儒学者・貝原益軒《かいばらえきけん》はその著『養生訓』の中で、小食こそ長寿のもとと小食をすすめている。漢方薬も中国の処方量より少なめの方がよいといっている。

『養生訓』の著者・貝原益軒

動物実験でも、餌を標準より少なく与えた方が、長生きするそうだ。つまり、摂取カロリーが少ないほど、寿命が長いのである。

これは食べ物の消化に費やされるエネルギーが少ないので、酸素の消費量も少なく、従って活性酸素の発生も少なくなるからだと考えられている。

06 生き物と自然の知的雑学

寝床の前でくるくると回る犬

飼い犬も野性の犬の血を引いているので、野犬の自然本能がいくらか残っている。その1つが寝場所を決める時の飼い犬の仕草に見受けられる。

森や藪に住んでいた頃、横になる場所を快適にするために、草を踏みならさなければならなかった。そのため犬は同じ場所を余すところなく、ぐるぐる踏んで回った。

この本能の名残りで、飼い犬がひと休みする時、その場所で数回ぐるぐる回るのだと考えられている。

らくだのこぶ

背のこぶは脂肪を貯えるためにある。大抵の動物は腹の周りに脂肪を貯えているが、らくだは背中の1つあるいは2つのこぶに貯えている。らくだが餌にありつけない時、こぶに貯えてある脂肪によって生きのびる。脂肪が消費しつくされると、こぶは縮む。こぶが2つあるバクトリア系らくだの場合は一方に倒れる。らくだが充分に食べると、こぶはもとの形をとりもどす。このように脂肪のこぶは食料貯蔵袋として役立つうえに、暑い太陽熱をさえぎるのにも役立っている。

きびしい環境の中で生きてゆくために、らくだのからだは大変うまくできている。胃は3

室に分かれ、第一胃の壁には多くの小室があって、筋肉で入口を閉ざし、水を貯えることができ、3日間くらいは水がなくても支障はないそうだ。足は砂にうずまらないように、幅広く座ぶとんをつけたようにできている。目のまつげは長くて、2列に生え、砂ほこりが入るのを防ぐようになっている。

らくだは「砂漠の船」と言われ、乗用に、荷運びに使われるほか、乳は飲料、肉は食用、毛は織物に利用され、砂漠地には欠くことのできない重要な家畜である。

中央アジア原産で２つのこぶを持つフタコブラクダ

鯨の誤算

鯨は潜水艦と同じように、音波を発して遊泳している。ある周波数の音波を出し、それが海底からはね返ってもどってくる時間を計算している。長くかかればそれだけ深いわけだ。こうして鯨は普通浅い海に入らないようにしている。

しかし時には判断が狂うことがある。特に海底が浅い砂の場合、信号の一部が砂に吸収され、浅い底と水面との間を行き来して、鯨にももどってくる時間がのびることがある。

また海が荒れているときも信号がうまく伝わらない。そうすると鯨は深い海に近づいていると考え前進する。ところが浅瀬に来ているのを知って驚くというわけだ。

しかし鯨の音波探知能力は非常にすぐれていて、マッコウクジラは何も見えない深海にももぐって大王いかを捕えているそうだ。

鯨を殺す軍事ソナー

海軍の大演習があると、鯨の死骸が大量に海岸に打ち上げられるという。

この鯨の大量死の原因は、潜水艦や対潜哨戒艇の使用する「低周波アクティブソナー」の発信によるものではないかと言われている。

アクティブソナーとは水中音響探信機のことで、哨戒艇から発する音が敵の潜水艦に反射して返ってくるまでの時間によって、潜水艦との位置を測定する。近頃の哨戒艇のソナーは非常に強力で、ジェット機のエンジン2台分の音に匹敵する出力があるとのことだ。特に低音は遠くまで届くので、遠くを航行する潜水艦まで探知できる。

冷戦時代にはソナーを使用した訓練は遠海部で行われていたが、近年、沿岸部での訓練が増えていることも鯨の大量死の原因のようだ。

死んだ鯨を解剖したところ、血液中や肝臓に気泡が見つかったという。それは、人間の減圧症（潜水病）と同じものだ。

水深の深いところは水圧が高く、空気は圧縮されている。ほ乳類が高水圧のところから急に上昇すると、高水圧で血液中に溶けていた空気が気泡になる。血液中の気泡は、たまたま深海にいた鯨がソナー音に驚いて、急に浮上したため発生したもので、この気泡が死因になったのだろうという。

ウミガメは産卵中泣いていない

ウミガメが産卵中に涙を流すというドラマティックな話を耳にするが、実は彼女たちが目から流しているのは海水だ。

ウミガメは海中で食事を摂る。その時エサと一緒に海水も取り込んでしまうのだが、人

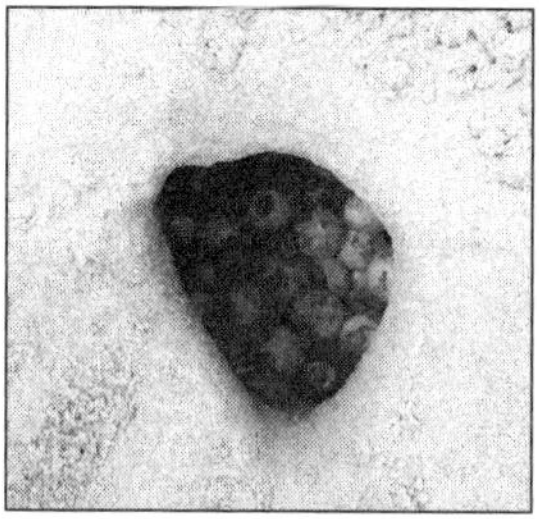

砂浜に産み落とされた卵

間同様、塩分が溜まりすぎると体に良くない。そこで取り込んだ塩分を目から排出しているのだ。

うさぎの不思議

1、うさぎは自分の糞を食べる

私たちがよく見るコロコロとした豆粒のような糞を食べるのではない。食べるのは軟らかい膜に包まれた糞で、私たちの目にはあまり触れない。というのはほとんど夜から早朝にかけて排泄し、口を肛門に近づけて、人目に触れないうちに食べてしまうからだ。なぜ食べるかというと、この糞はたんぱく質が豊富で被膜にもビタミンBが含まれていて、うさぎには無くては

ならない栄養源で、これが食べられないように、首かせをはめておくと、栄養剤を与えても、1ヵ月くらいで死んでしまうそうだ。

2、長い耳

うさぎは大変臆病で、身に武器を持っていないので、いつも聞き耳を立てていなければならない。それにどんな小さな音もとらえられるように大きな耳になっているのだ。

なおうさぎは汗腺が発達していないため、汗をかかないので、血管がたくさん通っている大きな耳から放熱して、体温を下げるようになっている。

3、白うさぎの赤い目

白うさぎの虹彩には色素がないので、網膜の血管の赤い血の色が反射して、白うさぎの目は赤く見えるのだ。からだに色のついたうさぎの目は黒く見える。一般に突然変異で生まれた白子は、虹彩に色素がないので、目が赤く見える。

メスよりもオスの方がきれいなわけ

動物界では、とくに鳥の場合、つがいの相手を選ぶのはメスの方である。それでオスはメスを引きつけようとするし、メスは色、姿の一番よいオスを選ぼうとする傾向がある。オスは特に繁

クジャクもオスは派手な羽を持っている

殖期には、1年でいちばん美しくなる。

　このような理由で、オスがメスの注意を引くことは必要だが、捕食動物にとって、目立たない色より派手な色の方が見付け易いので、オスの方が危険が多い。

　メスは巣にすわって卵を温めなければならないので、自然界ではメスを敵の目につかないような地味な色にしているのだ。

暗がりで光る動物の目

　特に夜行動物は網膜にグアニンと呼ばれる白い物質があり、これにより夜でもよく見える。この物質は入ってくる光を反射する鏡のような面を作り、その反射光によって暗がりの中に映像を感知する。

　一方、暗がりでこのような動物を見ると反射光によって、目が光って見えるというわけだ。

燕尾服姿のペンギン

　燕尾服を着ているように、ペンギンの背が黒く腹が白いのはなぜか。

　これは海面を上空から見ると黒く見えるので、泳いでいるとき、背中が黒ければ、鷲などの天敵に見つかりにくいので都合がよいからだ。

　また海中から水面を見上げると、白っぽく見えるので、腹が白ければ、これまた鮫などの天敵に対して好都合だからだ。

辛抱強い皇帝ペンギン

皇帝ペンギンは、約17種あるペンギンの中で一番大きい種類で、体長約1メートル、体重約40キロあり、南極大陸に住んでいるのはこのペンギンとアデリーペンギンだけである。

皇帝ペンギンの育雛《いくすう》の方法が変わっているので紹介しておこう。

このペンギンは天候予知能力が発達していて、南極の短い夏のあいだに、雛が泳いだり、魚を取ったりすることが学習できるように、64日の抱卵期間と雛が泳ぎ始めるまでの期間を計算に入れて、冬の初めの5月に産卵している。

魚を取るのに都合のよい水ぎわで雛を育てると、まだ泳げないうちに暖かくなって氷が解け出したら大変なことになるので、繁殖地は水ぎわからずっと後退したところを選んでいる。

産卵時期は前述のように冬の初めで、太陽は出ず、秒速50～60メートルの凍てつく風やブリザードが吹きつけ、気温もマイナス60度くらいになる。このような厳しい環境にコロニーを造り、産卵は一斉に行なわれる。

メスが産み落とした1つの卵をオスは自分の足の上に移し、たれ下がった下腹部の皮膚のひだでおおって温める。孵化には35度が必要だそうだ。

オスはコロニーに到着後何も食べずに過ごしている。海から遠く離れていて餌がないからだ。コロニーのオスたちは、卵を足の上に乗せ、からだを寄せあって冷たい風を避け、エネルギーの消耗を少なくしている。このペンギンの足は大変具合よくできている。動脈と静脈とが並んでいるので、動脈血の熱は卵を温めたのち、足に向かうが、足から戻ってくる冷たい静脈血を温めるので、足に運ばれる血液の温度は低くなって、からだの外に奪われる温度はごくわずかになる。

　このようなすぐれた熱交換システムがあり、また足は筋肉よりも腱組織が発達していて、寒さに対し痛みを感じにくくなっているので、オスは卵を抱えて長時間氷の上に立っていられるのである。

　オスは抱卵中、体重はほぼ半分にへってしまう。オスが飢えに耐えているあいだに、メスは遠く離れた海へ行って、オスの抱卵期間が終る頃まで、魚を食べ栄養をとり、喉もとまでいっぱいに餌をつめて戻ってくる。海までの長距離の氷原をトボガンのようにすべって往復する。

　メスが戻らないうちに雛が孵化した場合、雛はペンギン・ミルクと呼ばれるオスの食道からの分泌物（タンパク質59パーセント、脂肪28パーセント）で育てられる。この分泌物だけでも雛の体重が倍になるまで育てることができる。戻ったメスはオスに代わって雛を育てる。オスは断食から解放され海へ行き、1ヵ月くらいで戻ってきて抱雛期間の終るまで雛を抱いている。

　その頃になると雛は大きくなっていて「共同保育所」で暮らせるようになる。雛は互いにからだを寄せ合って、温かさを保ち、親からの餌をもらいなが

皇帝ペンギンの雛

ら100日以上も留まっている。体重も13キロくらいになり、海に向かう準備ができる頃、氷は解けて、海は彼らの近くにきているのである。

鳥の渡りの謎

渡り鳥を分類すると、「夏鳥」春南方から飛んで来て、繁殖し、秋南方へ帰る。ツバメ、ホトトギス、コノハズク、オオルリなど。「冬鳥」秋北方から渡来、越冬し、春北方へ帰って繁殖する。カモ、ツグミ、ユリカモメ、ジョウビタキなど。「旅鳥」春秋の渡りの際一時滞在する。シギ、チドリ類など。「迷鳥」渡りのコースからそれて、思いがけなく姿を現わす鳥。ハゲワシ、などとなる。

渡りをしない鳥には、生まれた土地に周年留まるスズメのような「留鳥」と留鳥のうち夏は涼しい山地で繁殖し、秋冬は温暖な平地で越冬する、ウグイス、モズなどの「漂鳥」とがある。

さて、鳥がなぜ危険を冒して長距離を渡るのか。その理由は、冬鳥の場合、高緯度の地方では、冬になると氷雪のため餌が欠乏するので、温暖の地へ渡り、北国でも春の雪解けのあとには、虫もたくさん発生し、雛を育てるのに好都合だからである。

また日照時間の影響もあるかもしれないという。季節の変化に伴う日照時間の延長が刺激となり、生殖腺の活動が活発になり、分泌されるホルモンの作用で、渡りを行なうというのである。いずれにしても、長距離を間違いなく古巣と渡り地との間を往復する能力にはまだわからない点が多い。

無着陸で目標物のない洋上を何千キロも飛ぶことができるし、若い鳥が親から道を教わらずに飛べるのは本能によるのだろうとも言う。

渡りは多くの場合、南北の移動だから、鳥は地球の磁力線を感じて飛ぶのではないかと言われている。それに鳥の目は非常によくて、2000メートルの上空で、200キロ近いところが見え、しかも見なれた広い範囲の土地を覚えているというので、間違いなく目的地に着けるのだろう。

群れになって飛ぶカオジロガン ©Thermos

なお日中に渡る鳥と夜に渡る鳥とある。大型のツル、ハクチョウ、ワシなどは日中に渡る。太陽の位置によって方向を決めて飛ぶのだろう。

夜に渡る鳥は小型の鳥が多く、ワシやタカの襲撃を避けるためと思われる。体内の磁気センサーによるのか、星座の位置によって方向を知るのだろう。

かみつかないコブラ

へび使いのコブラは、何にでもとびかかる攻撃的な種類ではない。アジア産のおとなしいコブラで、大きすぎて食べられないようなものはめったに攻撃しないそうだ。それでもへび使いは危険なことはしない。

しかし彼が吹くフルートの音によって、コブラがおとなしくなるわけではない。コブラは音が聞こえないからだ。ただ地面からくる震動は感じるようだ。それで、へび使いは足で地面を震動させ、へびを籠から立ちあがらせる。彼はフルートの先とへびとの距離を適当にとりながら、フルートを動かし且つ吹く。へびはフルートの先の動きに注意し、フルートと共に身をくねらせ、身構えている。フルートの先が近すぎるとへびは攻撃してくるし、離れすぎると籠の中に入ってしまう。へび使いはこの点を心得ていて、あたかもフルートの曲でへびが踊っているかのようにあやつるのだ。

へび使いを生業とする漂泊民ジャーティ（19世紀後半、デリー）

闘牛の牛は赤い色に興奮しているわけではない

闘牛士の持つ布（ムレタという）は皆赤い色をしているが、牛の目はモノクロでしか物を判別できず、闘牛士が振る絶妙な布さばきを目で追い、

スペインの闘牛 ©Manuel González Olaechea

突進している。つまり布は、緑色でも水玉模様でも構わないというわけだ。

それなのに赤い布ばかりが使われているのは、恐らく赤い色から「血」や「危険な物」を想像する人間の心理を突くためなのかもしれない。

サケが生まれた川に戻ってくるわけ

サケは生まれた川を覚えていて、産卵のために戻ってくると言われている。川で孵化成育した稚魚は、春の雪どけのころ海にくだり、海で3、4年過ごし、成長すると産卵のため、9月から翌年の1月頃にかけて、自分の生まれた川に戻ってきて川をのぼる。

産卵床は水深60~90センチの砂れき底をえらび、尾びれで1メートル×50センチ、深さ30センチくらいの穴を掘り、卵を産み落とすとオスが精子をかけ、2ヵ月で孵化するそうだ。孵化して海に出るまでの短い間に、自分の生まれた川のにおいを覚えていて、回遊後それを頼りに自分の川を見分けて帰ってくると言われている。

発信機をつけて観察した結果や、生まれた川の水と別の川の水とに対する脳波の反応が異なることなどから、母川回帰説を支持する人が多

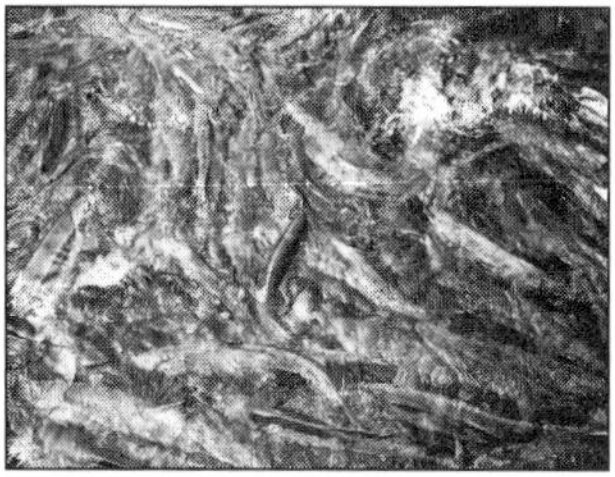
川登りをするサケ ©File Upload Bot

い。かなり遠くまで2~5年かけて、海洋を回遊するサケが、どうして生まれた川を見つけるか、はっきりしたことはわかっていないが、いくつかの仮説がある。

その1つは海流説で、日本生まれのサケは釧路沖に集まり亜寒帯海流に乗ってアラスカ湾へ行き、冬はここで過ごし、夏はベーリング海へ行って、川に帰るときまで、アラスカ湾とベーリング海の間を往復するというもの。また地磁気を感知して回遊するという説もある。

サケは川でも海でも生きられるようになっている。エラに浸透圧調節機能があり、海に出るときや川に入るときに、エラに塩類細胞ができて、ここで塩分の排出を調節して体液の塩分を一定に保っている。サケ類は太古には淡水で生活していたが、エサの豊富な海に下ったと言われているので、淡水でも海水でも生きられるのである。

虫の呼吸、ミミズの呼吸

生物は生きていくために、呼吸をしなければならない。外から酸素を取り入れ、二酸化炭素を放出するのが呼吸だが、単細胞生物は細胞膜から直接酸素を取り込み二酸化炭素を放出するので、呼吸システムはない。

イソギンチャクやクラゲは皮膚を通して、水にとけた酸素を取り込み、二酸化炭素を放出している。

ミミズになると少し複雑になっている。体内に特別の液体が流れていて、皮膚を通して外の空気から酸素を取り入れ、内部の器官に運び、体内の二酸化炭素は、体液にとけて皮膚まで運ばれ外へ出される。

　昆虫はもっと複雑になっている。昆虫の腹には一節ごとに左右1つずつ小さな穴があいている。これを気門といい、ここから細管が血管のように、枝分かれして体内にくまなく分布している。気門から入った空気は、気管を通ってからだのすみずみまでいき、組織に酸素をあたえ、組織から二酸化炭素を受け取って気門から体外へ出す。

　ミツバチは気管の一部がふくれて、気嚢ができ、ガスだめの働きをしている。

　イナゴは両側に10対の気門があり、前の4対で空気を取り入れ、後の6対の気門は閉じ、前の4対が開いて空気を吸い込む。逆に節部がしぼむと、後の6対からガスが排出されるようになっている。

国を滅ぼすイナゴ

　大群で飛来して農作物を食べ尽くし、大きな害を与えるイナゴの話は、古代エジプトや古代中国の記録にあるが、このイナゴはわれわれが食べる小さいイナゴとは別の、大型のトノサマバッタの仲間で、高温多湿な地域で大量発生し過密状態になると、からだつきも色も変わって、性質も荒々しくなり、成虫になると飛翔力も増し、これが黒雲のように飛びたち、食物を求めて大群で移動する。これを飛蝗という。

　旧約聖書の出エジプト記にエジプト王がモー

ゼたちの出国を許さないので、エホバはイナゴの大群にエジプト全土を襲わせた記事がある。このほか聖書に度々言及されているが、イナゴは種類も多く、マタイの福音書で洗礼者ヨハネが修行中「らくだの毛の着物を着、腰には皮の帯を締め、その食べ物は、いなごと野蜜であった」とあるが、ここのイナゴはわれわれが食べる種類のイナゴだろう。

中国の歴史でも、イナゴが戦争を停止させたり、イナゴの被害のために農民が蜂起して、王朝が倒れたこともあったそうだ。歴代の君主たちは蝗害のあった場合、いかにして民を救うかが最重要問題であった。

「蝗」という字も虫へんに皇帝の皇で、イナゴの害にうまく対処できる者こそ皇帝の資格があるというのだろう。

イナゴを呑みこんだという太宗

唐の太宗《たいそう》（626～649）はイナゴによる飢饉に苦しめられたとき、穀倉を開いて民を救った。

太宗はイナゴをつかまえ「余の民の命である穀物を食らうくらいなら、余の内臓を食らえ」と呪文をとなえて、イナゴを呑みこんだという。

貞観政要に（政事論の書）「貞観二年、都は日照りが続き、蝗が大発生す　太宗これを呑むこれより蝗ふたたび災いをなさず」とある。

日本では幸いイナゴの被害はあまり聞かないが、1938、39年、トノサマバッタが北海道で大発生したことがある。

イギリスにはイナゴの大群による被害はないそうだが、アメリカ合衆国西部では1874年～1876年に大発生し、2億ドル相当の被害があったそうだ。

アリとアブラムシの関係

アブラムシは農作物や植木の若葉や芽について、汁液を吸って発育を害し、種類によってはウイルスを媒介する薄緑色の小さな昆虫で、春卵からかえるが、みなメスで、これがまたメスの幼虫を産む。こうして幾世代もメスの幼虫を産んでは激しい勢いで繁殖するので、駆除がおくれると被害は大きくなる。

しかしテントウムシやクサカゲロウの幼虫などの天敵がいて食べてくれる。秋になると羽のあるオスができて、交尾してメスは多くの卵を産む。そのあとオスもメスも死に、卵だけが冬を越す。

植木にアリがたかり、幹を登っていくのを見かけるときは、上の若葉の裏にアブラムシがついていることがよくある。

アリはアブラムシの横腹を触覚でやさしくなで、アブラムシの尻からあまい汁を出させ、それを吸うために集まってくる。アブラムシをくわえて汁の多い植物に運んだり、また敵を追いはらったりする。

キノコを栽培するアリ

中南米の熱帯林に生息するハキリアリは、1匹の女王アリと数千匹の働きアリで、1つのコロニーをつくっている。働きアリの仕事はいくつかに分かれていて、姿、かたちがその仕事に応じて異なっている。

採食係の働きアリは周辺の木へ行って、葉を摘み、運び易いようにかみ切って、これを帆のように揚げ、長い行列をつくって巣に持ち帰る。

葉を切り落とすハキリアリ ©SabineDeviche

この運び込まれた葉片は、巣の中の直径1メートルほどの特別室の中に集められる。アリたちはこの葉片をかんで唾液と混ぜあわせたり、自分たちの糞も少し加えて肥料とし、キノコを育てる。今度は葉を運んできたアリとは別の少し小型のアリがキノコの栽培を受け持つ。

このアリは自分たちが栽培したキノコだけを食べて暮らしているので、他のコロニーのアリと争うこともなく平和に暮している。他にもキノコを栽培するアリがいるが、アリの種類が違えば、栽培するキノコの種類もちがう。

アリが行列をつくるわけ

家の中で、こぼれている砂糖にどこからともなく、アリが集まってくることがよくある。たいてい一筋の道を通ってやってくるが、これは最初に砂糖を見つけたアリがつけた印を辿って仲間が来るもので、このつけられた物質を「道しるべフェロモン」という。フェロモンという言葉は動物性ホルモンの研究でノーベル化学賞を受賞したドイツのブーテナント博士らの名付けた言葉で、Pheromonはラテン語のフェライン（運ぶ）＋ホルマン（刺激する）が原義で、ある個体が分泌し、同じ種のものに認識させ、一定の行動を起こさせる物質のことをいう。

道しるべフェロモンがどうして印されるかというと、吸引性のあるところだと、道しるべフェロモンが残らないので、アリの足の裏から分泌されるテリトリーフェロモンの上につけられる。仲間のアリはこれを辿っていくとのことである。

アリの分泌する成分は、巣によりわずかだが異なっている。女王アリの周りにアリが集まり、互いに身づくろいの舐め合いをして、互いの分泌物を咽頭腺内にため込み、巣全体が同じ体臭となり、分泌物も均一化される。

一筋の道の上で行き合うと、互いに触角を触れ合わせて、相手を認識している様子がよく見受けられる。

クモが自分の巣にひっかからないわけ

オニグモやジョロウグモの「クモの巣」には粘る部分と粘らない部分とがある。中心から外へ向かって、放射状に張られた糸は粘らない糸で、粘るのは放射状の間を横に渦巻状に張られた横糸である。

この糸には粘液の粒が無数についていて、これが粘るので、クモはこの横糸の上は歩かない。それにクモは足先から出る分泌液によって、つきにくくなっているようだ。『昆虫記』を書いたファーブルは、クモの足先を二硫化炭素で洗ったところ、足が網にくっついたので、クモの足先には油のようなものが出ているに違いないと考え、今度はベンジンで軽く洗って網に戻したところ、やはり足がくっついて、クモは歩けなかったとのことだ。

クモの網の横糸には粘液がついている ©FastilyClone

クモの糸は大変丈夫で、蚕のように糸を作らせようという試みもあったが、クモを大量に集めなければならないし、餌の虫をどうするかで行きづまり、立ち消えになったそうだ。

蜂刺されによるショック

蜂に刺されたことのある人は、からだの中に抗体ができていて、再び刺され毒液がからだの中に入ると、ショック症状を起こすことがある。毒液が血管の中に入ると、抗体が白血球の一種の好塩基球にくっつき、抗原（蜂毒）をとらえ、反応を起こして好塩基球からヒスタミンを放出させる。またタンパク質の一種の補体も連鎖反応によって好塩基球に作用してヒスタミンの放出をうながす。

このヒスタミンは血管を拡げる働きがあるので、からだ中の細い血管の緊張がなくなり、血圧が下がって、ショック状態を起こすことになる。

近頃愛玩動物として飼われているハムスターにかまれて、意識を失ったとか、呼吸が困難になったという報道があったが、これも蜂刺されと同様、度々かまれて抗体ができているところに、いつの日か再度かまれて、抗原と抗体が反応し、ヒスタミンの影響で症状が起こったもので、からだを守るはずの免疫がかえって災いとなったのだ。

これらの症状は一種のアレルギーで、個人差があり、その時の健康状態によって異なる。蜂刺されの場合、アレルギーの原因になる抗体は、10年以上経過してもなくならないし、どの蜂の毒も似ているので、ショックを起こす可能性があるわけだ。それで全身症状があらわれたときは一刻も早い医師の手当が必要だが、ただはれただけなら、冷やして抗ヒスタミン剤や副腎皮質ホルモン剤を塗ればよいとのことだ。

しかし、まずは蜂に刺されないようにするのが肝心だ。蜂は黒いものを天敵と思うらしいので、森や山に入る時は、なるべく黒っぽい服は避けたほうがよい。私は昔生徒と山へ遠足に行き、先頭の一団が熊蜂の襲撃にあい、ひどいめにあったことがある。当時の学帽、制服は黒で、蜂は天敵襲来と、われわれに攻撃をしかけてきたものと思われる。これは遠い昔から蜂の巣が熊にこわされ、蜜を取られてきたので、熊のように黒っぽいものを敵と思うような遺伝子が長い間につくられたのかもしれない。

ホタルのお尻は燃えている

ホタルの光はどうして発生するのだろうか。種類によって光る場所はちがうようだが、代表的なゲンジボタルとヘイケボタルの発光器は、成虫のオスでは腹の最後の2節、メスは2番目の節の腹面にある。

この中には比較的大きい発光細胞が数層あり、内部にはたくさんの顆粒が含まれていて、ここで発光物質が作られる。この細胞層には毛細気管がよく発達していて、ここから酸素を出し、発光物質が燃やされて発光する仕組みになっている。

酸素によって燃焼するのは他の物質が燃えるのと同じ原理だ。しかし熱は出ない。

ここに分布している神経は点滅をつかさどっている。さらに背側には反射細胞（尿酸の結晶を含む）があって、これにより光を強めている。

発光はオスとメスのコミュニケーション手段につかわれる。オスは、メスを見つけるとそばに止まって、プロポーズの発光をし、メスが発光で受け入れることを示すと交尾に至る。

また、ホタルはメスのほうが体が大きくて、あまり飛べないので、水辺の草などにとまって光の信号を出すことで、オスを引き寄せているようだ。

メスだけが光るホタルもあるが、そのメスには羽根がなく、光るおしりをあげて、オスをおびき寄せる。

しかし生殖と関係のない幼虫でも光るものがあるのは謎だ。幼虫には点滅をコントロールする組織が発達していないので、光れば長い間光り続け、消えれば次に光るまで時間がかかる。

晋の車胤は貧乏で灯油が買えず、ホタルを集めて、その光で勉強した。孫康もやはり貧しかったので、雪明かりで学んでえらくなったという故事から「螢雪《けいせつ》の功」という言葉が生まれた。これは「蛍の光、窓の雪」という歌にも歌われている。

発光するホタル ©Bearpark

晋は中国でも南部にあったから、大きなホタルがいて、沢山集めれば本が読めるくらいの明るさが得られたのだろう（『晋書』６４８年）。

セミは短命なのか？

たいていの昆虫は生まれて数ヵ月で死んでしまう。長生きなのはハタラキアリの7年、女王アリの15年、ミツバチの女王で4～5年だ。

セミは地上に出て1、2週間で死んでしまうので、寿命は非常に短いと思われてきた。短命を表す「蝉は7日の寿命」ということわざまである。

地上に出てからの命は短いが、実は幼虫期からの命はそれほど短いとはいえない。実際のセミの寿命は、数年から10数年で、アメリカには17年生きるものがいるそうだ。しかしそのほとんど大部分を地下で過ごしている。なぜそんなに長い間、地下にいるのか、そのわけは不明だ。

メスは樹皮に傷をつけて産卵する。ふ化まで50日から長いもので３００日かかる。ふ化した幼虫は樹木の根ぎわの土の中にもぐり、細根から樹液を吸って成長する。

このようにして幼虫期を過ごしているとき、なにかに指図されたかのように、地表に出てくる。おそらくホルモンの刺激によるのだろう。外に出るとそばの木の幹によじ登って、しばらくすると背中の皮が裂けて成虫のセミが姿を現す。

セミの種類は多くて、日本で見られるセミはそのうちの20種類くらいだそうだ。

セミは樹液ばかり吸って、他のものは口にしないので、中国では聖者になぞらえ、かんむりの飾りにこの羽とテンの尾を使って貂蝉冠というかんむりを作った。日本でも孝徳天皇（在位６４５～６５４）のとき蝉冠というセミの羽で飾ったかんむりがつくられた。

ミツバチの唾液が作るハチ蜜

ミツバチは花からみつを吸いとると、胃の前にある蜜嚢という袋の中に入れて巣に帰ってくる。吸ったみつはハチの唾液の中にある酵素によって、蜜嚢にある間に加水分解されて、果糖やブドウ糖になる。巣に帰るとみつは倉庫に移される。

巣の中は番兵が羽を動かして風を入れ、35度に調節されている。水分は蒸発して、みつは80パーセントまでに濃縮され、腐りにくく貯蔵もきくようになっている。ミツバチは冬の間これを食料とするのだが、われわれ人間はこの大部分をいただくわけだ。

ミツバチを捕獲する養蜂家 ©Fir0002

巣からみつをとり出すには、多くの場合、円心分離機を使っている。

みつには花粉が溶けていて、多くの微量成分があり、栄養価も高い。

みつを採集した花の種類により、色、香り、味、成分などに多少の相違がある。

レンゲからのみつは、色がうすく、香り・味にくせがない。

みかんのみつは淡色、オレンジの香りがある。

クローバーのみつは黄金色で、風味がやわらかい。

菜の花のみつは淡黄色で結晶が出やすい。

ニセアカシアのみつは色が淡く、香りもよく上質である。

砂糖のなかった昔は、蜂蜜は貴重な自然甘味料で、栄養価も高く愛好され、聖書にも処々に言及されている。いずれも野蜜で、マタイ伝に「ヨハネはらくだの毛の着物を着、腰には皮の帯を締め、その食べ物はいなごと野蜜であった」とある。

　またフランク王国のカール大帝（742〜814）は農民に養蜂を勧めて、税として物納させたと言われている。

エビ・カニが赤くなるわけ

　赤い水中生物といえばエビとカニ。

　エビやカニの殻にはアスタキサンチンという成分が含まれていて、生きているときには、アスタキサンチンがタンパク質にくっついているのでくすんだ緑褐色をしているが、加熱すると結合がほどけて、アスタキサンチン本来の赤い色に戻る。

　アスタキサンチンの一部が酸化してアスタシンという赤い色素に変化し、一緒になって鮮やかな赤い色になるというわけだ。

　しかし加熱しなくても赤くなる種類もある。サクラエビは本来半透明だが、色素粒のため淡紅色を呈している。この色素細胞は神経やホルモンの支配を受けると、細胞内の色素顆粒が凝集したり拡散したりして、体色を変化させる仕組みになっている。

　サクラエビは海面下200〜300メートルの深海に生息し、闇夜に浮上し、群をなし遊泳する性質があるので、これを網で捕獲する。

　引き上げられるところを見ると、すでに赤く変色しているが、これは色素顆粒がストレスで凝集し、赤色色素のアスタシンが発色するからで、サクラエビは特に熱を加えなくても赤い鮮やかな色になるのである。

天日干しにしたり熱したりすれば、細胞の調節力がなくなり、一層鮮やかな赤い色になる。

タラバガニはヤドカリの仲間

冬の味覚の代表格・タラバガニ。だが、このタラバガニは実はカニではない。

タラバガニは、名前に「カニ」とついているが、実際はヤドカリの仲間である。

毛ガニやズワイガニは、ハサミを入れた足が左右に5対で10本あるが、タラバガニは表から見ると左右4対で8本しかない。残り2本の足はとても小さく、エラに隠れるようについているのである。これは、ヤドカリに見られる特徴だ。

実はヤドカリの一種のタラバガニ ©LoriLee

死海にも生物はいる

海面で浮き輪もせずにプカプカと浮かぶ人たち。ヨルダンとイスラエルの国境に位置する「死海」の光景は、映像や写真で見たことがあるだろう。

死海は名前に「海」と付いているが実際は塩湖で、ヨルダン川から流れ込んだ水が溜まってできたものである。

死海に浮かんで新聞を読む人 ©Ranveig

死海と言えば水の塩辛さが有名だが、これは死海が位置する場所が大いに関係している。

死海の湖面は海面下約390メートルという大変低い位置にあり、川から水が流れ込んでも出て行く場所がなく、その場に溜まってしまう。溜まった水は乾燥した気候で蒸発するが、塩分はその場に残るため、非常に塩分濃度の高い湖になるというわけだ。その濃度は実に通常の海の4倍ほど。

「死海」という名前は、「生き物が生息できないほど塩分濃度が濃い」ことから付いたと言われている。

だが、こんなに濃い塩分では生物など生きられないだろうと思われていた死海に、1941年にドゥナリエラという藻が発見された。これが死海唯一の生物と言われている。

ドゥナリエラはベータカロチンを多量に含んでいて、美容に良いと注目が集まっている。

雨の予兆

「きゃーるが鳴くんで雨ずらよ」と歌の文句にあるように、かえるが鳴くと間もなく雨が降り出すことがよくある。湿度が高くなり飽和状態に近づくと、敏感な生き物は雨が近いことを知り、ふだんと変わった行動をとるのだろう。

つばめが低く飛ぶのも雨の予兆とよく言われる。つばめは大きく口を開けて低い所を飛んで、小さい虫を捕食しているのだ。小さな虫が低空にむらがるのは、湿度が高くなると羽が重くなり、高く飛べないからで、これを捕えるために、つばめは低く飛ぶというわけだ。

エル・ニーニョとラ・ニーニャ

エクアドルやペルー沖に温暖水が入ってくる現象をエル・ニーニョ、逆に海面水温が平年より低い状態をラ・ニーニャという。

エル・ニーニョは「男の子」、ラ・ニーニャは「女の子」の意味のスペイン語。「エル」や「ラ」と定冠詞がついているのは、特定の「男の子」「女の子」を示し、エル・ニーニョはキリストのことを指している。この現象がクリスマスの頃に起こることが多いところから、こう呼ばれるようになった。

南米西岸の赤道海域は、いつも東からの貿易風が吹いているので、太陽で暖められる表層の暖水はインドネシアのほうに流れている。その上、南極海から北上する寒流のペルー海流（フンボルト海流）があるため、普段は水温は低く、魚類、プランクトンが豊富で、特にカタクチイワシが大量にとれる。

ところが貿易風が弱まると、インドネシア側の暖水が赤道沿いにエクアドル沖に返り、エル・ニーニョ現象を起こす。この現象は数年に一度起こるが、海面水温の変化が数度あり、広い範囲に亘るため、中南米からオーストラリアあたりまで気象異変が現れる。

高温水による水蒸気の移動により、インドネシア側は乾燥し、エクアドル側は大雨や洪水に見舞われる。1982年のエル・ニーニョの際は、オーストラリアでは、干ばつになり、砂漠の砂が舞いあがり、砂嵐が都会を襲ったが、一方ペルーの砂漠地帯には大雨が降って、一時緑の草原が出現した。

エル・ニーニョ現象の発生した年は、日本でも夏は冷夏になる傾向がある。またペルー沖ではいつも大量にとれるカタクチイワシが全然とれず、これを餌にするペンギンやアザラシも減少し、鳥もいなくなって、海鳥の糞がとれないので、肥料産業は打撃を受ける。

カタクチイワシは家畜の餌に使われているので、これがなくなると、代わりに大豆を餌に使うことになり、大豆の値が上がるというわけだ。大豆の値が上がれば、輸入大豆に頼っている日本では、大豆製品の豆腐まで値が上がることになる。

エル・ニーニョとは反対に、東からの貿易風が強まり、インドネシア側に普段以上に暖水がたまる現象をラ・ニーニャという。この言葉は海洋学者が1990年頃、エル・ニーニョの対になる言葉として、名づけたものだ。

これらの現象は局所的現象ではなく、非常に広い範囲に影響し、台風の発生や気候の異変の原因にもなるので、国際共同観測や調査をしようという機運が高まり、各種の委員会を作って実態の解明と調査研究が進められている。

蜃気楼はどうして起こるのか？

地面または海面付近の空気が著しく熱せられるか冷やされるかするとき、その空気の上に接する空気との温度差があると、この境界面で光が異常屈折して、遠方のものが見える現象で、次の3種類がある。

1、夏の午後など、地面が著しく熱せられ地面に近い空気は熱くなっているが、その上の空気は冷たい場合（モンジュ現象）。

砂漠地方で遠方に水面があるように見えることがあるが、これは空が屈折して見えているもの。ナポレオンがエジプトに遠征したときに砂漠の中に現れ、オアシスと見間違えたのは有名な話だ。

自動車でアスファルト道路を行くと、先方に水たまりがあるように見えることがある。近づいて行くと、水たまりは逃げるように動くので、「逃水」の名がある。これも蜃気楼の一種。中国では「地鏡」「水影」などと言うそうだ。

2、海水が冷たく、これに接する空気も冷たいが、

ユタ州・グレートソルト湖の蜃気楼 ©FlickreviewR

その上に暖かい空気がある場合（ヴィンス現象）。

遠方の船の上にさかさまになった船がもう一つ見えることがある。日本では富山湾で見うけられる。

3、温度差のある空気が横に並んでいる場合（ジュランヌ現象）。

遠方の山や船が左右に2つ並んで見えることがある。

オーロラはどんなものか？

オーロラはローマ神話のあけぼのの女神オーロラに由来し、「極光」ともいう。北極地方や南極地方の夜空に現れる天然の美しい光で、北極、南極の真上ではかえって少なく、磁極から緯度にして20度から25度離れたあたりに多く現れる。すなわちスウェーデンやノルウェーの南部、カナダのハドソン湾、南極大陸のふちのあたりでよく見られる。

形は弧状、帯状、カーテン状などさまざまで、動きも静かなものから形や明るさが活発に変わるものまで、千差万別である。下端の高さは80キロメートル以上、１００キロメートル前後が多い。色は緑、黄緑、赤、紫などがあり、明るさも変化に富んでいる。

オーロラは大気のずっと上のほうの空気のうすいところで起こる放電現象だと考えられている。放電を起こす電流は太陽からの帯電粒子の侵入によるものであることは、オーロラの光のスペクトル観測からたしかめられた。

太陽からの帯電粒子が地球に近づくと、地球の磁場の影響で北と南に別れて、磁極の近くに集まり、そこの上空にオーロラを発生させるというわけだ。

太陽の活動が活発なときは、帯電粒子もたくさん放出され、黒点もたくさんできる。黒点の多いときはオーロラもたくさん現れるという。その際帯電粒子は地上の電波に影響をあたえ、地球磁場が乱され、電離層も異常を示し、短波無線の通信も多かれ少なかれ障害を引きおこす。

太陽活動が盛んなときには、低緯度の日本でもオーロラの見られることがある。１９５８年2月11日は秋田、長野でオーロラの写真が撮影され、新潟では分光観測まで行なわれたそうだ。

夜空にたなびくアラスカのオーロラ

竜巻はどうして起こるのか？

竜巻は発達した積乱雲（入道雲）の下に起こることが多い。積乱雲の中には激しい上昇気流があり、下層では上昇気流のあ

カナダで発生したF5の竜巻 ©Lycaon

とをうめるため、周辺から空気が集まってきて渦を巻き、吸い込まれ、竜巻ができて発達していく。

海上でおこる場合、遠くから見ると、どす黒い雲の底から、漏斗状の雲がたれ下がり、海面に伸びると、白波が立ち上がり、たちまち一本の渦巻く雲の柱ができ、雲と海面をつなぐ形となる。

細口びんから水を速く出す方法

口の細いびんから水を出す場合、ただささかさにして持っているだけでは、ぼこぼこと少しずつしか水は出ないので、手間がかかる。

速く出すには、さかさにしたびんの口を、時計の針の回る方向とは逆に（左回りに）回すとよい。水は渦巻状に出るので、渦の中心から空気がびんの中に入り、水が出やすくなる。水が渦巻状になって出はじめたら、口を回す必要はない。

左回りにするのは、地球の自転により、北半球では渦は左回りになるからで、風呂の排水口から水が出終わるとき観察すると、たいてい左回りで出ていくのがわかる。また台風の渦の左回りも同じ現象だ。

白い虹ができるのはなぜか？

空に浮かぶ水滴の大きさによって、虹の色が変わる。通常の虹は太陽の光が雨に反射するとき、雨粒がプリズムの役目を果たして光が分光されるため、七色になる。しかし、水滴が極めて小さい、いわゆる霧のような状態では、太陽の光が分光されず、すべての波長の光が同じように散乱されるため、白く虹がかかることになる。

空が青いのはなぜか？

白く見える太陽光線は、実際は赤、橙、黄、緑、青、藍、紫の七色のまざったものである。太陽光線が大気を通ってくる時、これらの色は空気の分子や微粒子によって散乱される。

波長の短い紫に近い色は、最も散乱しやすく、空一面に広がる。太陽が高い時は、日光が通過してくる空気の層が短いので、空を見上げると散乱された青が目に入るわけだ。

われわれの目には、紫よりも青のほうが感じやすいようだ。

夕方の太陽光線は、通ってくる空気の層が厚くなり、水蒸気や塵も多いので、波長の長い赤に近い色だけが、われわれの目に届くので、美しい夕焼けとなるわけだ。

葉が紅葉するわけ

葉が緑色なのは、葉の中にクロロフィル（葉緑素）という緑の色素が入っているからで、これが太陽光線を受けると、光合成して澱粉ができる。秋になって気温が下がると、落葉樹は葉を落とす準備を始め、葉のつけ根に、離層という薄い膜ができて、葉で作られた澱粉質が幹へ送られなくなり、この澱粉は分解されて糖になってたまる。

一方、葉は老化して、クロロフィルは壊れて、アミノ酸になる。葉は糖とアミノ酸から、赤色の色素アントシアンを合成して紅葉となる。葉にはカロティノイドという黄色の色素もあって、緑色に隠れて目立たないが、クロロフィルが吸収しきれない光を使って光合成している。

いちょうやポプラのような黄葉になる植物には、赤色のアントシアンを合成する力がなく、クロロフィルの壊れる速さに比べてカロティノイドの壊れる方がゆっくりのため、黄葉が目立つのである。茶色の葉になる植物は合成される色素がフロバフェンという茶色の色素で、変化の過程は先の場合と同じである。

気温の変化が紅葉に影響する。急に寒くなり、昼夜の寒暖の差が大きくなると、クロロフィルの老化が速く進み、糖とアミノ酸が、より多くたまり、それにクロロフィルが残っていると、緑、赤、黄の美しい紅葉になる。

砂漠化の脅威

アフリカのサハラ砂漠は、今から数千年前は緑豊かな渓谷があり、川も流れている肥沃な土地だった。ここに移り住んだ当時の人々の生活ぶりが、サハラの中央高地で発見された壁画からうかがわれる。

この壁画はアルジェリアの南東部タッシリ・ナジェールの洞穴内に描かれているもので、フランスの民族学者アンリ・ロートが1958年、ここを調査し、800点の絵を同行の画家に模写させて持ち帰った。この絵には当時の野生動物、家畜、牧畜、狩猟、ダンス、儀式、裁判の様子、弦楽器をひく人、牛に乗って行くハイカラなヘアスタイルの女性などが描かれていて、当時の社会の様子がわかる。

タッシリ・ナジェールの洞窟壁画 ©Atamari

前2000年頃になると乾燥期に入り、前1500年頃にエジプトから馬が入ったが、キリスト紀元の始まるころには馬は適応しなくなり、代わりにラクダが登場するようになった。しかし動物も人間も次々に土地を離れて、ついに住む人もいなくなった。

幸い乾いた空気と洞穴内にすくう毒蛇のおかげで、壁画は無事残されて、アフリカ文明の発端がわかるようになった。

アフリカでは前2500年頃までは湿潤期で、壁画から想像すると、かなり文化の進んだ社会にまで発達していたようだが、前2000年頃からは乾燥期が始まり、砂嵐の吹きまくる荒野となり、鳥も獣も魚もいなくなり、人々も四方に散っていった。

北の地中海沿岸に移った人々は、土地の人間と混じり合った。またナイル川に沿った肥沃な土地に落ち着いた人々もいて、これらの人々は地中海沿岸の文明圏との知識の交流によってエジプトの高度な文明を生みだした。一方南に向かった人々は土着民と混じり合ったが、厳しい自然環境の中で自分の運命を切り開いていかなければならなかった。

サハラの砂漠化は3、4000年規模の周期的なもののようだが、温暖化と森林伐採が進んだ現在、湿潤期がはたして来るだろうか。

現在地球上の広範囲にわたって砂漠化が進んでいるが、これはたぶんに人為的なものによると思われる。

中国の北の黄土高原では、黄土の平原が続いて、ハゲ山も多い。昔から森林を切り開いて畑をつくり、放牧したため土地はやせ、草木も生えないので、大雨が降れば洪水に土は流され、日照りが続けば黄砂が舞いあがる。近頃の北京は黄砂に悩まされているところから見ると、砂漠が近づいているのではなかろうか。

韓国でも李王朝時代に山に火をつけて、焼畑にしたので、森林の荒廃が進んでいるという。

砂漠地帯となった黄土高原の風景 ©Till.niermann

ヨーロッパも昔は森林の多いところだったが、牧畜のため森林を牧草地にしたので、ハゲ山が多く、大雨が降れば洪水になる。森林は吸い上げた水を葉から蒸発させているので、上空で冷えて雲になり雨となって降ってくる。森林をなくすのは降雨量を減らすことになり、砂漠化の一因ともなる。

エチオピアは50年前までは熱帯雨林の多い国だったが、現在国土の5パーセントにまで減少したため、毎年旱魃と洪水が繰り返されている。

現在、アジア、アフリカ、東南アジアの乾燥地帯では、年間600万ヘクタールが砂漠化しているそうだ。これは実に日本の全耕地面積に匹敵する広さである。

アマゾンの熱帯雨林も伐採が進んでいるが、この熱帯雨林がなくなったら、現地の雨量が3分の1に減少するばかりでなく、ヨーロッパの一部、ロシアの穀倉地帯、東欧、中東、アジアの南部まで降雨量が減って、影響を受けるだろうと言う。

アメリカのように大規模農業で、化学肥料や農薬を大量に使うのは、畑を荒らし、作物ばかりでなく、草木も生えない土地にしてしまうので、これも砂漠化の一因といえよう。

※本書は松本健太郎著『知ってるようで知らない知識』『おとなのための知的雑学』を底本とし、『歴史常識のウソ』『世界トンデモ常識』『最初は誰？』『今さら聞けない2つの違い』『カラダにいいのはどっち？』『知ったかぶりで恥をかく常識のウソ』などの情報を追加し、再編集したものです。

おとなのための知的雑学

2017年10月25日第一刷
2020年4月1日第四刷

著　者　　松本健太郎

発行人　　山田有司

発行所　　株式会社　彩図社
東京都豊島区南大塚3-24-4
MTビル　〒170-0005
TEL：03-5985-8213　FAX：03-5985-8224

イラスト　宮崎絵美子

印刷所　　新灯印刷株式会社

URL：http://www.saiz.co.jp
https://twitter.com/saiz_sha

ISBN978-4-8013-0256-3 C0000

彩図社の好評雑学本

今すぐ話したくなる知的雑学
知識の殿堂

曽根翔太　著

・カーディガンは戦争から生まれた
・名前が書いてある紙なのになぜ「名刺」？
・ネコに魚を与えてはいけないわけ
・始球式で空振りをする理由とは？
身近なモノの起源や日常生活で役に立つ知識など、誰かに話したくなる知的雑学を厳選。会話のネタに困っている、いろいろな知識を吸収したい、純粋に「なるほど！」と思いたい人まで、多くの人におすすめの一冊です。

ISBN978-4-8013-0193-1　B6 判　本体 787 円＋税